Gabriele Ebert

Sai Baba
von Shirdi

Sein Leben und seine Lehre

© 2024 Gabriele Ebert

Verlag: BoD · Books on Demand GmbH, In de Tarpen 42, 22848 Norderstedt

Druck: Libri Plureos GmbH, Friedensallee 273, 22763 Hamburg

1. Auflage, 2024

ISBN: 978-3-7693-0740-5

Inhaltsverzeichnis

Einleitung

Sai Baba von Shirdi (ca. 1841-1918) ist im Westen nahezu unbekannt, doch in Indien sind sein Foto und seine Statue überall zu finden, und er wird bis heute von vielen Indern verehrt.

Sai Baba war ein unkonventioneller Heiliger, der viele Wunder wirkte. Seine genaue Herkunft ist unbekannt wie auch sein Name. Als er sich etwa 1872 im Dorf Shirdi bei Bombay (heute Mumbai) niederließ, wurde er zunächst als seltsamer Heiliger betrachtet, doch da er viele Wunder wirkte, wurde er zunehmend populär. Er half den Menschen in diversen Angelegenheiten, heilte viele Kranke, gab seinen Verehrern Rat in weltlichen und spirituellen Dingen und führte sie. Aber er konnte sie auch aus heiterem Himmel beschimpfen. Manchmal schien er ohne erkennbaren Grund wütend zu werden und schlug einen Besucher sogar mit seinem Stock (*Satka*), den er immer in seiner Nähe hatte. Seine Verehrer erinnerten sich, dass er sowohl liebevoll als auch barsch war. Seine Reaktionen waren nie vorhersehbar, und seine Persönlichkeit hatte etwas Rätselhaftes an sich. Ungewöhnlich war auch, dass er von seinen Verehrern und Besuchern Geld als *Dakshina* (Gabe, die man beim Besuch des Gurus mitbringt) verlangte, das er dann bis zum Abend an andere Verehrer verteilte. Seine intensive Ausstrahlung zog zunehmend die Menschen an.

Sai Baba las selten und schrieb nichts. Trotzdem war er nicht ungebildet. Er passte in keine Norm eines Heiligen, und es ist bis heute nicht klar, ob er ein Muslim oder Hindu war. Er zog Mitglieder beider Religionen an, kleidete sich wie ein muslimischer Fakir, lebte in einer heruntergekommenen Moschee und wurde dort wie ein Heiliger, Guru, ja wie ein Gott verehrt, was im Hinduismus nicht ungewöhnlich ist, da der Guru im tiefsten Sinn als mit Gott identisch betrachtet wird.

Sai Baba lehrte nicht systematisch. Zuweilen klangen seine Worte mysteriös und metaphorisch. Er erzählte manchmal

Geschichten und Gleichnisse und lehrte völlige Hingabe an Gott und den Guru, aber auch Selbstergründung. Oft illustrierte er seine Lehre durch ungewöhnliche Handlungen.

Sein Verehrer Hemadpant Dabholkar schrieb noch zu seinen Lebzeiten das Sri Sai Satcharita in Marathi über ihn. B.V. Narasimha Swami, der die erste englischsprachige Biografie über Ramana Maharshi verfasst hatte, wandte sich später Sai Baba zu und schrieb in den 40ern und 50ern über dessen Leben und die Erfahrungen seiner Verehrer, indem er nach Shirdi reiste und dort die Leute befragte. Beide überlieferten Aussprüche Sai Babas, v.a. Narasimha Swami in seinen „Charters and Sayings". Alle späteren Biografen stützten sich auf diese beiden Quellen.

Arthur Osborne, der ebenfalls über Ramana Maharshi schrieb, veröffentlichte in den 50er Jahren sein Buch „The Incredible Sai Baba" in England und Indien. So erfuhr zum ersten Mal die westliche Welt von diesem Heiligen. Er nannte Sai Baba einen Vorläufer von Ramana Maharshi, da er wie dieser von seinen Schülern nicht verlangte, der Welt zu entsagen, sie auch nach seinem Tod weiterhin führte und alle Religionen gleichermaßen würdigte.

Antonio Rigopoulos schrieb eine sehr ausführliche Biografie, in der er auch die historischen und religiösen Hintergründe Sai Babas erörterte. Die neueste Biografie von Dr. Chandra Bhanu Satpathy arbeitete die verschiedenen Quellen auf.

Inzwischen gibt es viele Biografien und Berichte über Sai Baba in Englisch, aber nicht in Deutsch. Um diese Lücke zu schließen, habe ich mich dazu entschlossen, eine solche zu erarbeiten.

Sai Baba von Shirdi war ein besonderer Heiliger, ungewöhnlich, inspirierend, unkonventionell, kraftvoll, weise und sicher wert, dass man sich mit ihm befasst. Er war einer der bedeutendsten Heiligen Indiens im 19./20. Jahrhundert.

Stationen seines Lebens

Sai Baba, dessen Name unbekannt ist, stammte vermutlich aus Pathri, einem abgelegenen Dorf in Maharashtra im Ahmednagar-Distrikt. Sein Geburtsjahr ist nicht gesichert. Es gibt eine offene Zeitspanne von 1836 bis 1846, doch neueste Erkenntnisse vermuten das Jahr 1841. Wer seine Eltern waren, ist ebenfalls unbekannt. Man nannte ihn Sai Baba, als er nach Shirdi kam, was „heiliger Vater" bedeutet.

Eindeutig klar ist auch nicht, ob er ein Muslim oder ein Hindu war. Marathwada, die Gegend seiner Herkunft in Maharashtra, stand stark unter islamischem Einfluss. Er trug einen Kafni, ein langes, weißes Gewand, hatte ein Tuch um seinen Kopf gewunden, ging barfuß und sah wie ein Fakir, ein muslimischer Bettler aus, der durch die Welt streift. Fakir bedeutet wörtlich „armer Mann". Solche werden in ganz Indien gefunden. Da Fakire oft den Sufis angehören, kann man vermuten, dass er eine spirituelle Schulung von einem Sufi genossen hatte.

Es gibt auch die Version, dass er als Brahmane geboren wurde. Da die Eltern arm waren, setzten sie das Kind im nahegelegenen Wald aus. Es wurde schließlich von einem Fakir und seiner Frau gefunden, die es großzogen. Da der Fakir schon alt war, beauftrage er seine Frau vor seinem Tod, das Kind einem Mann namens Venkusha zu übergeben, der dann sein Guru wurde. Sai Baba sprach einige Male von Venkusha als seinem Guru.

Nach einer anderen Version verließ er mit erst acht Jahren in Begleitung eines Sufi-Fakirs sein Zuhause. Wer dieser Guru war, ist nicht bekannt.

Wenn Sai Baba nach seiner Herkunft gefragt wurde, antwortete er, sein Vater sei *Purusha* (Geist, Mensch) und seine Mutter *Maya* oder *Prakriti* (die Natur).[1] Oder er sagte: „Ich bin der

---

[1] *Purusha* und *Prakriti* sind in der indischen Philosophie ein klassisches Gegensatzpaar.

Eigenschaftslose (*Nirguna*), das Absolute. Ich habe keinen Namen und keinen Wohnort." Oder: „Ich bin *Parvardigar* (Gott). Ich lebe in Shirdi und überall. Ich bin tausende von Jahre alt. Meine Beschäftigung ist, zu segnen. Alles gehört mir. Ich gebe jedem alles. Ich bin in Gangapur, Padharpur[1] und an allen Orten. Ich bin in jedem Teil der Welt. Das Universum ist in mir."[2] Manchmal wurde er wütend, wenn die Leute unbedingt wissen wollten, ob er ein Hindu oder Muslim sei, und beschimpfte sie stundenlang. Er gab keine definitive Antwort, da es ihm nicht wichtig war.

Über seinen Guru soll er gesagt haben: „Ich blieb zwölf Jahre bei meinem Guru. Es ist selten, eine Person wie meinen Guru zu finden. Er war ein großer spiritueller Meister und die Verkörperung von Liebe und Freundlichkeit. Wie soll ich seine Liebe beschreiben? Er war immer im höchsten Zustand der Meditation (des Gebets) und voller Glück. Er besaß die heitere Weisheit, die frei von Wünschen ist. Die Art der Unterweisung meines Gurus zog mich sehr an. Ich verlor die Sehnsucht nach Zuhause, die Fesseln der Anhaftung zerbrachen, und ich vergaß alles, Hunger und Durst eingeschlossen. Er wurde mein alles in allem, mein Zuhause, mein Vater und meine Mutter. Er erwartete nichts von mir außer unerschütterlichen Glauben und Geduld zusammen mit Mut. Ich war ihm ganz ergeben. Deshalb war er mit mir sehr zufrieden und beschützte mich immer. Ob er nahe oder fern war, er kümmerte sich um mich wie eine Schildkröte sich um ihre Jungen am anderen Ufer kümmert, indem sie nur dorthin blickt, und ich fühlte mich nie getrennt von ihm. Was ich bin, ist das Ergebnis von Hingabe und Dienst für meinen Guru. Ich musste nicht anderswo nach Führung suchen."[3]

---

[1] Gangapur ist ein bedeutender Pilgerort im nördlichen Karnataka, Pandarpur ein religiöses Zentrum in Maharashtra.
[2] Rigopolous: Life, S. 4
[3] Kamath: Sai Baba, S. 29

Nach einer anderen Version wanderte er in der Gegend von Paithan und Aurangabad umher und kam durch ganz Marathwada. Die Hälfte der Zeit verbrachte er mit seinem Guru, die andere, indem er einen Fakir in Aurangabad unterwies, wo sie beide in einer Moschee lebten. Es gibt viele weitere Thesen über Sai Babas früheres Leben.

Vermutlich kam er um 1872 zum ersten Mal nach Shirdi. Wie es dazu kam, dazu erzählt Dabholkar folgende Geschichte, die aber eher hagiographische Züge trägt wie so viele Geschichten über Sai Baba: „In einem Dorf namens Dhoop (Dhupkheda) im Aurangabad-Distrikt lebte ein wohlhabender muslimischer Herr namens Chand Patil. Als er einmal nach Aurangabad reiste, verlor er seine Stute. Er hielt zwei Monate lang nach ihr Ausschau, aber es war keine Spur von ihr zu finden. Enttäuscht beschoss er, nach Hause zurückzukehren.

Er war kaum fünf Meilen gewandert, als er einen seltsam aussehenden Mann traf, der unter einem Mangobaum saß. Er trug eine Kappe auf dem Kopf und einen Kafni (langes Gewand). Unter seiner Armbeuge war ein Stock (*Satka*). Er stopfte eine Tonpfeife. Als er Chand Patil vorbeikommen sah, fragte er ihn freundlich, ob er mitrauchen wolle. Der Mann – es stellte sich heraus, dass er ein Fakir war –, fragte Patil, warum er einen Sattel trug. Patil sagte traurig: ‚Ich habe meine Stute verloren.‘ Der Fakir erwiderte: ‚Hast du beim Tempel in der Nähe gesucht?‘ Aufgeregt ging Patil zum Tempel, und zu seiner Überraschung stand die Stute dort. Patil kehrte zum Fakir zurück und zog die Stute hinter sich her. ‚Rauche mit mir‘, sagte der Fakir und stopfte still seine Pfeife. Aber zwei Dinge waren nötig: Feuer, um sie anzuzünden, und etwas Wasser, um das Chhapi (das Stoffstück, durch das der Rauch inhaliert wird) zu befeuchten.

Chand Patil beobachtete, wie der Fakir seine Zange in die Erde stieß und glühende Asche wie von Geisterhand herauskam. Dann schlug er mit seinem *Satka* auf die Erde, worauf Wasser herauszusickern begann. Die Pfeife wurde angezündet und das Chhapi befeuchtet. Chand Patil beobachtete das alles fasziniert. Ein Wunder war lässig vor seinen Augen geschehen, und der Fakir schien sich kaum bewusst zu sein, was er getan hatte.

Ehrfurchtsvoll bat Patil den Fakir, ihn nach Hause zu begleiten und seine Gastfreundschaft anzunehmen. Patil war ein Dorfbeamter und ein bedeutender Mann im Ort. Er erzählte dem Fakir, dass der Sohn seines Schwagers ein Mädchen aus Shirdi heiraten würde, und fragte ihn, ob er nicht die Hochzeitsgesellschaft begleiten wolle. Der Fakir stimmte zu. So gingen sie dorthin."[1]

Die Hochzeitsgesellschaft lagerte am Khandoba-Tempel (Khandoba ist eine Manifestation des Gottes Shiva) am Dorfrand von Shirdi. Mhalsapati, der Tempelpriester, der drinnen Khandoba verehrte, bemerkte Sai Babas Anwesenheit, begrüßte ihn mit „Ya Sai" (Willkommen, Heiliger) und lud ihn mit der üblichen Höflichkeit und Achtung ein, sich zu setzen. Er war der erste, der ihn „Sai" (Heiliger) nannte, was sich fortan einbürgerte. Mit der Zeit wurde noch das Baba (Vater) hinzugefügt.

Nach einigen Minuten meinte Sai Baba: „Was für ein abgelegener und ruhiger Ort ist doch der Khandoba-Tempel, wie geschaffen für einen Fakir!" Daraufhin meinte Mhalsapathi, der ein traditioneller Hindu war, dass es undenkbar sei, dass ein Muslim im Khandoba-Tempel wohne. Die meisten Muslime sind Ikonoklasten (d. h. Zerstörer von Götterbildern und -statuen), und deshalb hinderte Mhalsapati Sai Baba daran, den Tempel zu betreten, in dem sich die Statue von Khandoba und weitere Götterstatuen befanden. Sai Baba fand Mhalsapatis Einwand gerechtfertigt und sagte: „Gott ist einer für Hindus, Muslime und alle, aber da du nicht willst, dass ich hineingehe, werde ich gehen." Mit diesen Worten ging Baba weg.[2]

---

[1] ders., S. 70 f.
[2] s. http://saiamrithadhara.com/mahabhakthas/mhalsapati.html (24.10.2024)

Die Hochzeitsgesellschaft kehrte wieder nach Dhupkheda zurück, doch Sai Baba blieb in Shirdi.

Der Khandoba-Tempel in Shirdi, ca. 1938
Wikimedia Commons

Shirdi war damals ein kleines, unbedeutendes Dorf in der Nähe von Bombay, mit vielleicht tausend Einwohnern, die von der Landwirtschaft lebten. Die Bewohner waren vorwiegend Hindus, mit einem Anteil von etwa 10 % Muslimen. Neben der Moschee gab es zwei Hindu-Tempel, der eine, wie bereits erwähnt, Khandoba geweiht, der andere Hanuman, wie es in den Dörfern von Maharashtra üblich war. Zudem gab es einen kleineren Vithoba-Tempel und einige kleine Schreine. Als Sai Baba sich dort niederließ, war er etwa 30 Jahre alt.

Sai Baba verbrachte die erste Zeit entweder unter einem Neem-Baum außerhalb des Dorfes oder bei einem Strom. Die

Dorfbewohner nannten ihn Pagal, den Verrückten, da er eine seltsame Erscheinung abgab. Sai Baba vermied zunächst soziale Kontakte und blieb für sich.

Allmählich verbrachte er jedoch mehr Zeit in einer heruntergekommenen Moschee im Ort. Einige Frauen gaben ihm zu essen. Ansonsten ging er jeden Morgen zu bestimmten Häusern und erbettelte seine Nahrung.

In der ersten Zeit hatte er nicht viele Besucher. Meist waren es vermutlich hinduistische oder muslimische Asketen. Es wird berichtet, dass er sich gern mit Devidas, einem jungen Hindu-Asketen, im Hanuman-Tempel traf, wo dieser lebte. Es gab noch einen weiteren Hindu-Asketen namens Jankidas, mit dem er sich ebenfalls gerne unterhielt.

Sai Baba war nicht sehr gesprächig. Er redete gewöhnlich nur, wenn er gefragt wurde. Die Einheimischen berichteten, dass er manchmal Selbstgespräche führte. Zuweilen sprach er laut oder murmelte die Namen Gottes, v.a. „Allah Malik" (Malik bedeutet König, Herrscher) als beständige Erinnerung an Allahs Größe. Madhavrao Deshpande (auch Shama genannt), der Dorflehrer der Grundschule, hörte ihn manchmal nachts in der Moschee in verschiedenen Sprachen sprechen, in Hindi, English und in ihm unbekannte Sprachen. Sai Baba übte aber keine äußere Verehrung mit Verneigungen und *Namaz* wie die Muslime. Allerdings liebte er Musik und Tanz. Manchmal ging er zum sogenannten Takiya, einem Rasthaus für muslimische Besucher. Dort sang er fromme Lieder von Kabir, einem indischen Mystiker und Dichter aus dem 15./16. Jahrhundert, den er sehr verehrte, und tanzte ausgelassen. Er sang wohl auch in Persisch und Arabisch, was die Dorfbewohner nicht verstehen konnten. Narasimha Swami gibt an, dass er das mehr oder weniger regelmäßig bis etwa 1890 tat. In der Moschee wurden oft fromme Lieder gesungen, denen er gerne zuhörte.

Er nannte die heruntergekommene Moschee Dwarakamayi. Dwarka bedeutet wörtlich Tor zum Himmel und wird oft mit

Dwarka, der alten Stadt des Königreichs von Krishna identifiziert, Mayi bedeutet Mutter. So bedeutet Dwarkamayi Mutter, die ihre Kinder zum Himmelstor führt.

Die Moschee mit der Plattform
http://saiamrithadhara.com/dwarakamai_01.html

Die Moschee war sehr baufällig. Sie hatte eine überdachte Plattform mit einem kleinen Raum dahinter und einem Lehmboden. Eine Wand fehlte. Nachts war es dort dunkel, und Insekten, Mäuse und Reptilien hausten darin. Sai Baba hatte nachts Lampen brennen, um sie zu vertreiben. Er saß gewöhnlich auf der Plattform.

Im Osten der Moschee lag eine Grundschule, von wo aus man durch ein Fenster Sai Baba sehen konnte. Im Norden lag der Hanuman-Tempel. Im Westen gab es eine brache Fläche, wo Sai Baba gelegentlich spazieren ging.

Sai Baba hatte wie viele Yogis immer ein heiliges Feuer (*Dhuni*) brennen. Es brannte tags und nachts. Normalerweise saß er in einem gewissen Abstand davor und lehnte sich an die Wand, wobei er seinen Arm auf das hölzerne Geländer legte. Man hörte ihn oft heilige Formeln wiederholen. Anfangs versorgte ihn sein Verehrer Kashiram mit Feuerholz. Manchmal besorgte er es sich selbst und stapelte es im Sabda Mandap vor der Plattform.

Sai Baba vor der Moschee ganz rechts, Abdul vor ihm sitzend,
ca. 1915

Nachdem Sai Baba sich in Shirdi niedergelassen hatte, ging er nirgendwo mehr hin, außer in die nächsten Dörfer Nimgaon, etwa 2 ½ km und Rahata, etwa 6 km von Shirdi entfernt, die er anfangs oft besuchte. Zu dieser Zeit war er noch nicht sehr bekannt und hatte nur wenige Besucher. Er fuhr mit einem Ochsenkarren oder einer Tonga nach Rahata. Dort wurde er von den Einwohnern empfangen und in einer zeremoniellen Prozession zu Khushal Chand und seiner Familie gebracht, wo sich noch weitere Verehrer einstellten. Am Abend fuhr er wieder zurück. Er nahm Setzlinge von Ringelblumen und anderen Pflanzen aus Rahata mit und pflanzte sie in Dwarkamayi ein, wo er sie liebevoll goss.

Das Chavadi
http://www.saiamrithadhara.com/chavadi.html

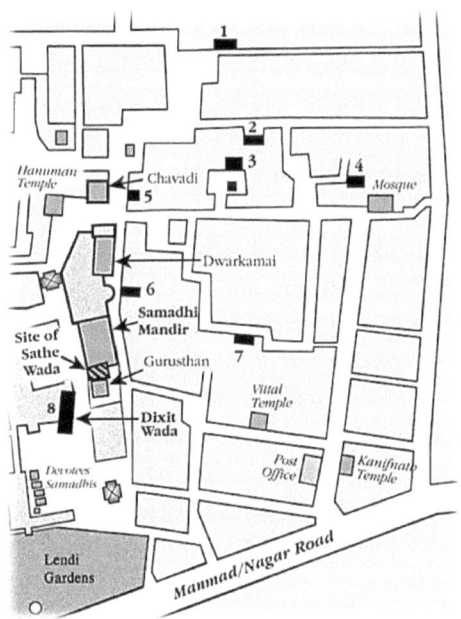

Die Örtlichkeiten in Shirdi
https://holyshirdi.saibaba.com/houses/locations-1.html

Das Leben in der verfallenen Moschee war nicht sehr komfortabel. Manchmal reparierte Sai Baba die Wände und den Boden mit Kuhdung, wie es bei Lehmböden und -wänden in Indien üblich war.

Immer wieder wurde versucht, Dwarkamayi zu renoviert. Der Finanzbeamte G.R. Gunde brachte Fuhrenweise Steine, stapelte sie vor der Moschee und erklärte, dass er sich an die Arbeit machen wolle. Sai Baba sagte, er möge die Steine wegbringen und zur Renovierung der örtlichen Hindu-Tempel verwenden, aber Gunde tat das nicht. Schließlich erlaubte Sai Baba ihm, mit der Arbeit zu beginnen. Doch anfangs mischte er sich häufig ein und riss oft nieder, was ausgebessert worden war.

Das Dwarkamayi war in zwei Bereiche eingeteilt: die höher gelegene Plattform oben und das Sabha Mandap, der offene Raum unten, wo die Verehrer saßen. Da mit der Zeit immer mehr Besucher kamen, wurde der Raum viel zu klein. Von 5 Uhr morgens bis 10 Uhr abends herrschte dort reger Betrieb. So war es unmöglich, die Moschee tagsüber zu reinigen oder zu restaurieren. Zudem drohten das Dach, eine Wand und andere Teile einzustürzen. Sai Baba war jedoch nicht bereit, die Moschee aufzugeben und anderswo zu leben. Um im Dwarkamayi arbeiten zu können, schlugen seine Verehrer ihm deshalb vor, jede zweite Nacht im Chavadi zu verbringen, das als Gästehaus und Gemeindehalle des Dorfes diente. Es stand nur wenige Meter vom Dwarkamayi entfernt, war wie die Moschee ziemlich heruntergekommen und besaß eine Halle und zwei kleine Räume. Sai Baba übernachtete am 10. Dezember 1909 zum ersten Mal dort. Es wurde fortan zu einer üblichen Praxis bis zu seinem Tod.

Es bürgerte sich ein, dass aus Sai Babas abendlichem Gang zum Chavadi eine große feierliche Prozession wurde. Die Verehrer wollten ihn die wenigen Schritte wie einen König in einer Sänfte tragen, doch er setzte sich nie hinein. Obwohl Sai Baba keinen solchen Pomp wollte, unterwarf er sich ihm seinen Verehrern zuliebe. Sie kamen unterwegs am Hanuman-Tempel vorbei. Dort blieb Sai Baba immer stehen, sagte etwas, das sich wie ein Mantra anhörte, und schwang mehrmals die Arme. Im Chavadi angekommen, wurde ein *Arati* (Verehrung mit Lichtern) begangen, und er verteilte an alle Udi (heilige Asche) aus seinem *Dhuni*.

Kakasaheb Dikshit versuchte, das Sabha Mandap zu vergrößern und ein Dach darüber errichten zu lassen. Er besorgte Eisenpfosten und Tragwerke und ließ die Arbeit in jeder zweiten Nacht ausführen, die Sai Baba in Chavadi verbrachte. Sai Baba war zunächst von den Renovierungsarbeiten nicht sehr angetan. Erst als man ihm erklärte, es würde den Verehrern und Besuchern dienen, war er damit einverstanden.

Als weitere Örtlichkeit ist das Gurusthan (Wohnort des Gurus) außerhalb von Shirdi unter einem Neem-Baum zu erwähnen. Sai Baba bezeichnete es als das Grab seines Gurus. Als er nach Shirdi kam, hatte er dort längere Zeit verbracht. 1908 baute der Steuerbeamte Hari Vinayak Sathe auf Anweisung Sai Babas dort ein Gebäude, bekannt als Sathe Wada, wo Pilger Unterkunft finden konnten, denn der zunehmende Besucherstrom erforderte immer mehr Unterbringungsmöglichkeiten.

Ende der 1870er Jahre hatte Sai Baba seine ersten Schüler, die ihn ihren Guru nannten, doch im Dorf war er immer noch als der verrückte Fakir bekannt. Allmählich kamen die Leute mit ihren gesundheitlichen Problemen und Sorgen und baten ihn um Hilfe. Er behandelte die Dorfbewohner mit Heilkräutern aus dem Dschungel oder vom Markt. Er heilte sie von Schlangenbissen, Lepra und anderem, wobei er oft ungewöhnliche Behandlungen vornahm, indem er z.B. Schlangengift auftrug. Viele nannten ihn Hakim, Arzt. Später gab er ihnen Udi, die heilige Asche aus seinem *Dhuni* als Heilmittel. Es gibt auch viele Berichte, dass er Verehrern zu Nachkommen verhalf.

Allmählich entwickelten die Dorfbewohner eine enge Beziehung zu ihm. Etwa um die Jahrhundertwende wurde er zunehmend auch außerhalb von Shirdi berühmt. V.a. machten ihn die einflussreichen Brahmanen bekannt.

In der Moschee wurden sowohl muslimische als auch hinduistische Feste gefeiert. Besonders *Rama Navami*, der Geburtstag Ramas, wurde ab 1897 feierlich mit einer Prozession begangen. Schließlich wurde es mit dem muslimischen Urus-Fest zusammengelegt. Die Muslime nahmen an den Hindu-Festen teil und andersherum.

Es ist üblich, dass Hindus ihre Heiligen und Gurus verehren. Anfangs war die Verehrung Sai Babas individuell. Verehrer brachten ihm Blumen, Obst und Sandelpaste dar. Sie verneigten sich vor ihm, verehrten ihn, baten um seinen Segen und gingen wieder. Mhalsapati, der Priester des Khandoba-Tempels, war der erste, der damit begann, Sai Baba zeremoniell zu verehren (*Puja*). Sai Baba war nicht begeistert, ließ es aber über sich ergehen, da er darin seine Liebe spürte. Immer mehr Verehrer taten es ihm nach. Am 3. Juli 1909, am Guru Purnima-Tag, ein Feiertag, an dem besonders der Guru verehrt wird, taten sich die Verehrer zum ersten Mal zu einer gemeinsamen *Puja* zusammen, und fortan wurde diese Feier jedes Jahr begangen. Dies war auch die Zeit, in der sein abendlicher Gang zum Chavadi zu einer Prozession wurde.

Ein Verehrer namens Megha Shyam führte die offizielle tägliche rituelle Verehrung von Sai Baba ein und agierte als *Pujari*. Fortan gab es morgens, mittags und abends eine *Puja* (*Arati*) für Sai Baba. Er führte auch ein, dass für ihn am Ende der Gebete das Muschelhorn geblasen wurde. Sai Baba ließ es über sich ergehen.

Anfangs gab es Streit mit den Muslimen, die das nicht billigen wollten, da es für sie undenkbar war, einen Heiligen in einer Moschee rituell zu verehren. Ein Muslim, der beständig bei Sai Baba war, zu seinen Füßen saß und den Koran las, protestierte gegen die Hindu-Verehrung mit ihrer Musik in der Moschee. Sai Baba sagte lächelnd: „All das ist Allah." Verwirrt dachte der arme Mann, dass Sai Baba den Islam verriet, und beschloss, Rache zu üben. Als Sai Baba einmal draußen spazieren ging, trat er von hinten mit einem Knüppel an ihn heran und wollte ihn niederschlagen. Sai Baba wandte sich in diesem Augenblick um, ergriff ihn am linken Handgelenk und sah ihn an. Unter der Kraft seines Blickes sank er zu Boden. Einige Tage später verließ er Sai Baba mit seinem Segen und kam nie wieder nach Shirdi.

Ein andermal zog Mir Jaman, ebenfalls ein Muslim, plötzlich sein Schwert. Er erklärte, dass die Hindus Sai Baba durch ihre Verehrung verdarben, und bat ihn um Erlaubnis, ihnen die Kehle durchschneiden zu dürfen. Sai Baba beruhigte ihn mit den Worten: „Ich bin es, der verrückt und dafür verantwortlich ist, dass sie mich verehren. Wenn du also Kehlen durchschneiden willst, musst du mit meiner beginnen."[1]

Umgekehrt war es auch für einen Hindu schwierig, einen Muslim zu verehren, der in einer Moschee lebte. So erging es dem bereits zuvor erwähnten Megha Shyam, als er zum ersten Mal zu Sai Baba kam. Er war von H.V. Sathe zu ihm geschickt worden, der ihm geraten hatte, er möge Sai Baba in Shirdi verehren, da dieser eine Inkarnation von Shiva sei. Als Megha jedoch erfuhr, dass er ein Muslim war, war er entsetzt von der Vorstellung, sich vor einem Muslim zu verneigen, und wollte nicht mehr hingehen, doch Sathe bestand darauf. Also machte er sich auf die Reise. Noch bevor er die Moschee betrat, rief Sai Baba wütend: „Werft den Halunken hinaus!" und vertrieb ihn.

Ein Jahr später fühlte sich Megha wirklich nach Shirdi gezogen, und diesmal wurde er nicht vertrieben. Er betrat die Moschee und blieb. Er führte schließlich die rituelle Verehrung für

---

[1] s. Osborne: Sai Baba, S. 72 f.

Sai Baba ein. Als er starb, sagte Sai Baba: „Er ein wirklicher Verehrer von mir."[1]

Es gab öfter heftige Auseinandersetzungen zwischen den beiden Gruppen. Sai Baba fühlte sich beiden zugehörig und vermittelte zwischen ihnen. Doch die Gruppe der Hindus war dominanter.

Sai Baba lesend

Mit den Hindus sprach Sai Baba über die Hindu-Götter, die Gita und andere Schriften wie etwa die Upanishaden, mit den Muslimen über Allah, den Koran und muslimische Schriften. Er kannte viele indische Sprachen, aber keiner konnte sagen, wann und wo er sie gelernt hatte. Dass er sich in der Gita auskannte und Sanskrit konnte, zeigt ein Gespräch, das er mit Nanasaheb Chandorkar (Nana) führte.

---

[1] s. ders., S. 74 f.

Eines Tages massierte Nana Sai Babas Füße und murmelte etwas vor sich hin. Sai Baba fragte, was es war, und Nana erklärte, es sei der Sanskritvers der Gita IV.34, in dem es um die Beziehung von Meister und Schüler gehe.[1] Sai Baba fragte ihn, ob er die Bedeutung des Verses verstehe. Nana fasste ihn zusammen. Da fragte Sai Baba ihn nach der Bedeutung der einzelnen Wörter des Verses und nach grammatikalischen Dingen, nahm den Vers auseinander und erklärte ihn.

Als es um *Seva*, den Dienst für den Guru ging, erklärte Nana, dass er das gerade tue, indem er seine Beine massierte. Sai Baba antwortete: „*Seva* ist keine gewöhnliche Massage. Du musst Körper, Geist und Besitz unterwerfen. Du darfst nicht das Gefühl haben, dass du dem Meister einen Dienst erweist. Dein Körper, den du bereits unterworfen hast, ist im Besitz des Meisters, und du musst fühlen: Ich habe keinen Verdienst. Ich lasse lediglich den Körper, der dir gehört, dir dienen. Das ist *Seva*."

Ebenso erklärte er über die geistige Haltung des Schülers: „*Pranipata* (Verehrung, Verneigung) muss wie *Sashtanga Dandavat* (die völlige Niederwerfung) sein, d.h. wie ein Stecken, der heruntergefallen ist. Du musst spüren, dass du nichts bist. Du bist nur eine Null. Deshalb gehört Demut dazu. Der Guru ist alles, und deshalb ist völlige Hingabe bei der Verehrung nötig.

Pariprasna bedeutet ein ernsthaftes und wiederholtes Fragen, um die völlige Erleuchtung zu erlangen. Es bedeutet nicht nur, eine Frage zu stellen, mit der Absicht, dem Meister ein Bein zu

---

[1] „tad viddhi praṇipātena paripraśhnena sevayā
upadekṣhyanti te jñānaṁ jñāninas tattva-darśhinaḥ"
„Erfahre die Wahrheit, indem du dich an einen spirituellen Meister wendest. Frage ihn mit Ehrfurcht und diene ihm. Ein solcher erleuchteter Heiliger kann dir Wissen vermitteln, weil er die Wahrheit gesehen hat."

stellen und ihn bei einem Fehler zu ertappen oder nur aus Vergnügen zu fragen."[1]

Es ist möglich, dass Sai Baba Nanasaheb alle Kapitel der Gita erklärt hat.

In späteren Jahren kamen auch Parsen und sogar einige Christen. Sai Baba respektierte jeden Glauben. Alle hatten freien Zugang, auch die Unberührbaren, Leprakranken und die Tiere. Einer seiner engen Verehrer war der Leprakranke Bhagoji Shinde, der mit ihm essen durfte und mit dem er die Pfeife rauchte.

Einmal kam ein Leprakranker zu seinem *Darshan*. Er trug einige *Pedas* (indische Süßigkeit) bei sich, die er in ein schmutziges Tuch gebunden hatte. Er wollte sie Sai Baba geben und seinen Segen erhalten. Weil auch seine Füße von der Krankheit betroffen waren, brauchte er lange, bis er vor Sai Baba stand, der neben seinem *Dhuni* saß. Frau Tarkhad, die Frau des Dorfvorstehers, die neben ihm stand, wünschte sich, dass der Leprakranke schnell wieder ging, da er erbärmlich stank. Der Leprakranke erhielt Sai Babas Segen, zögerte aber, ihm die *Pedas* anzubieten, und wollte sie wieder mitnehmen. Frau Tarkhad war froh, als er ging. Sai Baba warf ihr einen stechenden Blick zu und rief den Leprakranken zurück. Er nahm ein *Peda*, aß es und bat Frau Tarkhad, auch eines zu essen. Da erkannte sie ihren Fehler.

Sai Baba litt an Asthma. Am 11. Dezember 1886 hatte er einen schweren Anfall. Da entschloss er sich, in *Samadhi* einzutreten, und sagte zu seinem Verehrer Mhalsapati: „Pass drei Tage lang auf diesen Körper auf. Ich gehe zu Allah. Wenn ich nicht zurückkehre, dann lass ihn zu gegebener Zeit an diesem Ort begraben (d.h. in der Nähe des heiligen Neem-Baums, wo er früher oft saß)."

---

[1] s. Rigopolous: Life, S. 128-131

Herzschlag und Atem hörten auf. Einige schockierte Verehrer glaubten, er sei gestorben, und begannen zu wehklagen. Andere dachten bereits über die Beisetzung nach. Als die örtliche Polizei davon erfuhr, kam sie, um die Sache zu untersuchen, doch Mhlasapati erlaubte ihnen nicht, den Körper mitzunehmen, und erklärte ihnen vehement, dass er nicht tot, sondern in *Samadhi* sei und in drei Tagen wieder zu sich kommen würde. Zur Sicherheit legte er Sai Babas Kopf auf seinen Schoß. Nach drei Tagen gegen 3 Uhr nachts wurde der Körper wieder lebendig. Sai Baba atmete, der Herzschlag setzte wieder ein, und er stand auf. Sein Asthma war verschwunden.[1]

Einige seiner Verehrer, meist Brahmanen, waren indische Freiheitskämpfer, Nationalisten und sogar Nationalistenführer und kamen zu ihm um Rat, Hilfe und Schutz. Einige von ihnen besuchten ihn nicht nur, sondern blieben tagelang in Shirdi. Deshalb geriet auch Sai Baba bei der britischen Regierung unter Überwachung. Wenn beobachtet wurde, dass Extremistenführer zu Sai Baba kamen, wurden Detektive eingeschleust, um die Gespräche mitzuhören und zu erfahren, ob es sich um politische Themen handelte. Doch da Sai Baba nicht an Politik interessiert war, gab es auch nichts zu berichten. Die Gespräche waren rein spirituell.

Sai Baba verbrachte seine Zeit mit den Verehrern und Besuchern in der Moschee. Es wurde gekocht, gegessen und miteinander geredet. Doch er selbst erbettelte täglich seine Mahlzeit in fünf bestimmten Häusern und ging öfter am Tag dazu nach Lendi Bagh, einen Garten mit einem Fluss.

Lendi Bagh (Lendi = Strom, Bagh = Garten) war ein Brachland. Sai Baba war sehr naturverbunden und pflanzte dort Setzlinge von Neem, Mangos und anderen Baumarten und goss sie regelmäßig mit dem Wasser vom Bach. Ein Verehrer hatte ihm zwei irdene Gefäße dafür gegeben. So entstand dort ein schöner Garten. Es gab dort einen alten Peepal-Baum und Neem-

---

[1] s. ders., S. 92

Bäume, zwischen denen er eine Lampe aufstellte, die bei Tag und Nacht brannte.

Da Shirdi nur über einen einzigen Brunnen verfügte, fehlte es immer an Trinkwasser. Sai Baba errichtete zusammen mit Verehrern in Lendi Bagh einen Brunnen in der Nähe des Stroms. Dem Wasser dieses Brunnens wurde eine heilende Wirkung zugeschrieben. Verehrer und Dorfbewohner holten nun von dort ihr Wasser, und auch Sai Baba trank es.

Sai Baba auf seiner Betteltour

In späteren Jahren kochte Sai Baba in großen Mengen Reis, Gemüse, *Rotis*, Süßspeisen usf. und lud viele Leute ein, mit ihm zu essen. Dazu besorgte er Gemüse und andere Zutaten vom Markt. Im offenen Bereich vor der Moschee hatte er eigenhändig eine Feuerstelle aus Ziegelsteinen und Lehm errichtet. Er mahlte große Mengen Mehl mit einer Handmühle und kochte in einem großen Topf Essen, wobei er sich an eine Holzsäule der Moschee lehnte. Manchmal steckte er seine Hand in das kochende Essen, um zu sehen, ob es fertig war. Die verwunderten Verehrer sahen, dass seine Hand nicht verbrüht war. Dann verteilte er das Essen an alle. Er war Vegetarier und empfahl seinen Verehrern, maßvoll zu essen, aber nicht zu fasten.

Sai Baba rauchte gelegentlich auch eine Tonpfeife, wie es in Indien üblich war, und ließ sie unter seinen Verehrern herumgehen, sodass jeder einen Zug nehmen konnte.

Nach einem hektischen Tag zog er sich mit Tatya Kote Patil und Mhalsapati, die als einzige die Nacht mit ihm verbringen durften, in der Moschee zurück. Sie schliefen auf dem Boden. Der Vorhang, der vor der Moschee hing, wurde zugezogen, und keiner durfte mehr eintreten

Einmal brachte Nanasaheb Dengle ein Holzbrett von ca. 1.90 m. Es war gerade so breit, dass Sai Baba darauf schlafen konnte. Sai Baba befestigte es mit Stoff am Dach. Es sah eher wie eine Schaukel aus als wie ein Bett. Man konnte nicht hinaufsteigen, weil es zu weit oben hing. Zudem waren die Stofffetzen eigentlich zu schwach, um eine Person zu tragen. Doch es wurde gesehen, wie Sai Baba darauf schlief. Einige neugierige Verehrer wollten beobachten, wie er das bewerkstelligte. Das verärgerte ihn so sehr, dass er das Brett zerbrach und wegwarf.

Sein Tagesablauf war durchgetaktet. Er wachte um 4 oder 5 Uhr morgens auf. Die Zeit vor dem Sonnenaufgang wird für die spirituellen Übungen als besonders geeignet erachtet. Nach seiner morgendlichen Waschung setzte er sich still ans *Dhuni* und lehnte sich an eine Säule. So verbrachte er etwa zwei Stunden. In dieser Zeit durfte niemand hereinkommen. Er winkte mit der Hand und sagte „Yade Haque", was bedeutet „Ich denke an Gott."

Ab 6.30 durften nur ausgewählte Personen hereinkommen. In dieser Zeit wurde geputzt, die Öllampen wurden aufgefüllt und andere Dinge erledigt. Einige Verehrer massierten ihm die Beine, was als ein Dienst für den Guru gilt.

Sai Baba in seiner typischen Sitzhaltung

Zwischen 8 und 9 Uhr ging Sai Baba im Dorf umher, um von fünf Häusern Almosen zu sammeln, wobei er „Mutter, gib mir etwas zu essen" rief. Er trug ein Tuch, das er an den Ecken zu einem Beutel zusammengebunden hatte. Darin sammelte er trockene Lebensmittel wie Reis, Brot und anderes und die flüssigen oder halbflüssigen Dinge wie Linsen, gekochtes Gemüse, Chutney, Milch, Curd usf. ließ er sich in ein separates Gefäß geben. Dann kehrte er ins Dwarkamayi zurück und tat die Almosen in einen großen Topf. Jeder konnte sich von diesem Gemisch bedienen, und auch er nahm daraus etwas für sein Frühstück. Selbst die Tiere wie Vöge, Hunde und Katzen durften sich hier zu essen holen. Er hatte keine Vorlieben und aß, was immer ihm gegeben wurde.

Danach saß er gewöhnlich auf seinem *Gaddi* (Sitzplatz) an der Nordwand hinter der Plattform mit Blick nach Süden. Es kamen Besucher. Sein Verhalten war unvorhersehbar. Oft schwieg er oder flüsterte einige Worte zum Lob Gottes. Manchmal trug er einen ernsten und grimmigen Ausdruck. Dann wieder war er in freudiger und redseliger Stimmung und unterhielt sich über alle möglichen Themen. Fast jeder bat ihn um etwas Bestimmtes. Dann sagte er „Allah wird es geben" oder „*Hari* ist gut", was bedeutete, dass die Bitte gewährt wurde. Manchmal berührte seine Hand dabei auch den Kopf, die Stirn oder die Schulter der Person, oder er sah sie nur mit einem durchdringenden Blick an.

Danach ging er normalerweise nach Lendi Bagh, wobei ihn einige Verehrer begleiten durften. Einer von ihnen hielt einen großen Schirm über ihn. Doch keiner außer Abdul durfte mit ihm Lendi Bagh betreten und ihm helfen, seine Riten auszuführen, die er dort verrichtete. Jeden dritten Tag ging er zum Brunnen, um in ihm zu baden. Sein Besuch dort dauerte etwa eine Stunde. Unterwegs unterhielt er sich mit den Verehrern, die auf ihn warteten, und segnete sie.

Ab 10:30 Uhr war er wieder für Besucher in Dwarkamayi verfügbar. Sie durften ihn einzeln und in Gruppen verehren, und das *Arati* wurde für ihn begangen. Sai Baba segnete sie danach und zeichnete ihre Stirn mit Udi, der heiligen Asche. Manchmal drückte er das Udi mit dem Daumen auf die Stirn und berührte mit den anderen vier Fingern den Kopf der Person. Danach gingen die meisten nach Hause.

Anschließend ging Sai Baba wieder im Dorf betteln. In den späteren Jahren brachten ihm Verehrer Obst, Salat, Reisbrei und andere Gerichte. Alles wurde in dem großen Gefäß vermischt, und er verteilte es persönlich unter den Anwesenden.

Von 13:30 bis 14:00 zog sich Sai Baba zurück, und die Vorhänge vor dem Dwarkamayi wurden heruntergelassen. Er saß dann auf seinem Sitzplatz auf der Plattform, schlief aber nicht.

Gegen 14.00 besuchte er Lendi Bagh zum zweiten Mal und kehrte etwa nach 45 Minuten wieder zurück. Danach kamen erneut Besucher, jetzt in großer Zahl. Sie legten ihm ihre Sorgen zu Füßen, und er segnete sie. Es wurde auch aus den Schriften vorgelesen, und Geschichten und Anekdoten wurden erzählt.

Sai Baba bei seinem Spaziergang nach Lendi Bagh,
von links nach rechts Nanasaheb Nimonkar, Sai Baba,
Gopalrao Buti und Nana Chopdar.
Der Leprakranke Bhagoji Shinde, ganz hinten und kaum erkennbar,
hält den Schirm.
1916

Gegen 18.30 ging Sai Baba in der Gasse neben dem Dwarkamayi spazieren, wo erneut viele Verehrer seinen *Darshan* hatten. Ab Dezember 1909 kamen abends Männer und Frauen und sangen in Begleitung von Musikinstrumenten ihre *Bhajans*. Um 21 Uhr wurde Sai Baba jeden zweiten Abend in einer feierlichen Prozession mit Fackeln, Musik und Gesang zum Chavadi begleitet. Es wurde sein Name und der Name Gottes gerufen. Einige Verehrer tanzten, einige trugen Fahnen. Feuerwerk wurde abgefeuert. Er wurde von Verehrern gestützt, und ein zeremonieller Schirm wurde über ihn gehalten. Einige breiteten ein Tuch auf dem Weg aus, andere fächelten ihm Luft zu.

Die Prozession zum Chavadi, ca. 1915

Im Chavadi fand dann das letzte nächtliche *Arati* statt. Dann zog er sich für die Nacht zurück, und die Leute gingen nach Hause. Er schlief auf dem Boden oder auf einem untergelegten Stück Stoff. Mhalsapati und Tatya Kote Patail verbrachten meist die Nacht bei ihm im Dwarkamayi oder Chavadi. Sai Baba schlief nicht oder nicht viel. Er lehnte sich an eine Säule, während die beiden anderen sich niederlegte. Sie unterhielten sich nachts oft miteinander.

Das Pferd Shyam Karan mit seinem Trainer

Ein Pferdehändler besaß eine Stute, die jahrelang nicht trächtig wurde. Da versprach er Sai Baba das Fohlen, falls sie eines bekäme, und 1909 war es so weit. Sai Baba nannte das Fohlen Shyam Karan. Es wurde in einem an das Dwarkamayi angrenzenden Raum gehalten. Sai Baba mochte das Pferd sehr. Später führte es prachtvoll geschmückt die Prozession zum Chavadi an. An Festtagen war es reich geschmückt. Der Trainer lehrte es, die wenigen Stufen zum Dwarkamayi hinaufzusteigen und sich vor Sai Baba zu verneigen. Sai Baba segnete es, indem er ihm wie seinen Verehrern heilige Asche auf die Stirn gab.

Eines Tages wurde ein Tisch und ein Stuhl in die Moschee gebracht. Das überraschte die Anwesenden. Es verbreitete sich die Nachricht, dass ein Beamter Dwarkamayi besuchen würde, um Sai Baba zu einer polizeilichen Ermittlung über einen Juwelendiebstahl zu befragen. Der Beschuldigte behauptete, dass Sai Baba ihm die Juwelen gegeben hätte. Dazu sollte er verhört werden. Sai Baba hätte eigentlich vor Gericht erscheinen sollen, doch er war wütend geworden und hatte sich geweigert. Also wurde ein Beamter zu ihm geschickt, um das Verhör durchzuführen. Dafür hatte Sai Baba den Tisch und den Stuhl besorgt.

Die Befragung lieferte folgende Ergebnisse:

„Wie heißt du?" – „Sie nennen mich Sai Baba."

„Wie heißt dein Vater?" – „Auch Sai Baba."

„Wie heißt dein Guru?" – „Venkusha"

„Glaube oder Religion" – „Kabir"

„Kaste oder Rasse" – „Parvardigan (Gott)"

„Alter" – „Tausende von Jahren"

„Bestätigst du, dass du die Wahrheit sagen wirst?" – „Die Wahrheit"

„Kennst du den Beschuldigten?" – „Ja, ich kenne ihn. Ich kenne jeden."

„Der Mann sagt, er sei dein Verehrer und lebt bei dir. Stimmt das?" – „Ja, ich lebe mit jedem. Alle gehören mir."

„Hast du ihm Juwelen gegeben, wie er behauptet?" – „Ja, ich habe sie ihm gegeben. Wer gibt wem was?"

„Wenn du ihm die Juwelen gegeben hast, wie hast du sie bekommen, und warum gehörten sie dir?" – „Alles gehört mir."

Diese Aussagen waren natürlich aus juristischer Sicht sinnlos. Der Beamte machte ihn nochmals auf den Ernst der Lage aufmerksam, dass es sich hier um einen Diebstahl handelte. Da sagte Sai Baba: „Was soll das? Was zum Teufel habe ich mit all dem zu tun?" Es stellte sich schließlich heraus, dass der Beschuldigte nicht in Shirdi gewesen war, Sai Baba nie getroffen und ganz bestimmt keine Juwelen von ihm erhalten hatte.

1916 wurde die Situation in Shirdi zunehmend chaotisch, da so viele Besucher kamen, die alle etwas von ihm wollten. Einige Leute machten daraus ein Geschäft und agierten als Vermittler zwischen den Besuchern und Sai Baba. Manche nahmen sogar das Geld an sich, das Verehrer von weiter her als *Dakshina* schickten. Es kamen auch Tanzgruppen, die für ihre Aufführungen entlohnt werden wollten. Das alles störte die Atmosphäre um Sai Baba, verstimmte die Verehrer und die Bevölkerung, und es entstand viel Zank. Sai Babas Güte wurde schamlos ausgenutzt.

Schließlich wollte er die Angelegenheiten durch eine Organisation geregelt haben. Er ließ H.V. Sathe kommen und sagte zu ihm: „Saheb (so nannte er ihn), wie du sehen kannst, machen diese Leute mir Schwierigkeiten. Triff eine Vereinbarung, damit das aufhört." Sathe machte sich sofort ans Werk. Im Dezember 1915 wurde die Dakshina Bhiksha Sanstha (DBS) gegründet, die künftig alle Angelegenheiten der Moschee regeln sollte und deren Vorsitzender Sathe war. Das Geld sollte kontrolliert für wohltätige Zwecke, Feierlichkeiten, die täglichen Dinge und zur Unterstützung armer Verehrer ausgegeben werden. Sai Baba bat die Verehrer, das Geld jetzt dem DBS zu geben anstatt ihm. Einige weigerten sich jedoch, das DBS anzuerkennen, und akzeptierten Sathe nicht.

Das DBS widmete sich auch den Publikationen über Sai Baba und brachte im April 1916 die erste Ausgabe einer zweisprachigen Zeitschrift in Englisch und Marathi über Sai Babas Lehren und die Ereignisse in Shirdi heraus. 1922 wurde das DBS vom Shri Saibaba Sansthan Trust abgelöst.

An Vijaya Dasami, einem Hindu-Fest, 1916 verfiel Sai Baba in Raserei, zerriss seine Kleidung und ging zwei Stunden lang nackt umher, wobei er rief, dass er „die Grenze überschreiten" würde. Man kann dies als Vorahnung seines Todes sehen, dann am selben Tag zwei Jahre später würde er sterben.

In den letzten Jahren war Sai Baba körperlich angeschlagen. Die großen Besucherzahlen setzten ihm zu. Er litt an Asthma. Die Verehrer mussten ihn stützen, wenn er umherging, doch er änderte seinen strengen Tagesablauf nicht.

Oft beklagte er sich darüber, dass seine Verehrer nicht zu schätzen wussten, was er ihnen wirklich geben wollte. Jeder bat um weltliche Dinge wie einen Sohn, Geld, Gesundheit, aber nur wenige interessierten sich für den Weg zur Befreiung und Erkenntnis.

„Die Leute sind schlecht geworden und bereiten mir Schwierigkeiten. Sie belästigen mich um Geld. Sie sind schamlos geworden. Es widert mich an."[1]

Uddhavesa Bua schrieb immer an *Ekadasi*, also alle 14 Tage, einen Brief an Sai Baba. Einige Monate vor dessen Tod besuchte er ihn. Da sagte Sai Baba zu ihm: „Nun geh. Du musst nicht alle 14 Tage herkommen (er meinte damit die Briefe). Ich bin immer bei dir und werde es immer sein. Sag es allen Leuten dort."[2]

Sai Baba hatte einen Ziegelstein, der in einen Stofffetzen eingewickelt war, auf dem er tagsüber saß und den er nachts als Kopfkissen verwendete. Kurz vor seinem Tod brach der Ziegelstein entzwei, als ein junger Mann die Moschee reinigte. Als Sai Baba davon erfuhr, jammerte er: „Es ist nicht der Ziegelstein, sondern mein Schicksal, das in Stücke zerbrochen ist. Er war mein lebenslanger Begleiter, mit dem ich immer über das Selbst meditiert habe. Er war mir so lieb wie mein Leben. Er hat mich heute verlassen."[3] Es heißt, dass er den Ziegelstein von seinem Guru erhalten hatte, und dass er sein Zerbrechen als Zeichen für seinen bevorstehenden Tod betrachtete. Als er gestorben war, wurde der Ziegelstein mit Gold- und Silberdraht zusammengebunden und mit einigen anderen persönlichen Artikeln in seiner Grabstätte (*Samadhi Mandir*) begraben.

Am 28. September 1918 erkrankte Sai Baba an Fieber, das einige Tage anhielt. Danach aß er nichts mehr und wurde immer schwächer. Kurz vor seinem Tod am 15. Oktober 1918 schickte er die meisten Verehrer weg mit der Ausrede, sie sollten zum Essen nach Hause gehen. Etwa sechs Personen blieben zurück, zwei Frauen (Lakshmibai Shinde und Bayajabai) und vier Männer (Bhagoji Shinde, Lakshman Bala Shimpi, Nanasaheb Nimonkar und Shama Deshpande.) Kurz zuvor gab er

---

[1] ders., S. 235
[2] ders., S. 236
[3] Satpathy: Sai Baba, S. 44

Lakshmibai noch neun Rupien als Symbol für die neun Merkmale eines guten Schülers, wie sie im *Bhagavata Purana* erwähnt werden.[1] Bis zuletzt war er bei klarem Verstand. Er starb, als er sich auf Bayajabais Schoß lehnte. Sie bemerkte, dass sein Atem aufgehört hatte, und sagte es Nanasaheb. Dieser goss ihm Wasser in den Mund, und als er sah, dass es wieder herauskam, wusste er, dass er gestorben war. Es war gegen 3 Uhr nachmittags.

Narasimha Swami berichtet, dass sich nach Sai Babas Tod eine Kontroverse über das Begräbnis entspann. Die Muslime wollten, dass Sai Baba nach muslimischem Brauch auf offenem Land beigesetzt werden sollte, die Brahmanen wollten Buti Wada als Grabstätte. Buti Wada (Wada = Haus) war ein Gebäude zwischen dem Dwarkamayi und dem Gurusthan, das sein Verehrer Gopalrao Buti hatte bauen lassen. Sai Babas letzte Worte waren: „Hier geht es mir jetzt nicht gut. Bringt mich zum Wada, dann wird es mir besser gehen." Bzw.: „Ich gehe. Tragt mich zum Wada. Alle Brahmanen werden in meiner Nähe leben."[2]

Daraufhin beschloss die öffentliche Verwaltung, abstimmen zu lassen. Da die Mehrheit Hindus waren, und viele von ihnen sagten, es sei sein Wunsch gewesen, dass er in Buti Wada beigesetzt werden sollte, wurde es so beschlossen.

Am 16. Oktober wurde der Leichnam in einer großen Prozession zum Buti Wada getragen und dort nach hinduistischem Brauch beigesetzt. Heilige werden nicht verbrannt, sondern bestattet, da sie nicht mehr durch das reinigende Feuer gehen müssen.

Nach der üblichen 13-Tage-Zeremonie, die am 31. Oktober gefeiert wurde, nahm der Besucherstrom stark ab. Nur noch einige wenige besuchten das Grab. Doch Sai Baba hatte versi-

---

[1] s. Kapitel Sai Baba und die Bedeutung des Geldes
[2] Rigopolous: Life, S. 239

chert, dass er seinen Verehrern auch aus seinem Grab helfen würde. Später kamen sie zurück. Sie erfuhren nach wie vor seine Hilfe, und tun das bis heute. Die Situation in Shirdi war mit der im Ramanashram nach dem Tod Ramana Maharshis vergleichbar. Wie Ramana, der sagte: „Wohin soll ich gehen, ich bin hier", sagte Sai Baba: „Glaubt nicht, dass ich tot und gegangen bin. Ihr werdet mich aus meinem *Samadhi* (Grab) hören, und ich werde euch führen."

Das *Samadhi* (Grab) in Buti Wada, 1920
https://holyshirdi.saibaba.com/samadhi-mandir/index-2.html

„Ich werde auch aus meinem Grab aktiv und kraftvoll sein."

„Selbst nach meinem Tod (*Mahasamadhi*) werde ich bei euch sein, sobald ihr an mich denkt, wo auch immer ihr seid."

„Ich brauche keine Tür. Ich habe keine Gestalt. Ich lebe immer überall. Wie ein Drahtzieher führe ich alle Handlungen des Menschen aus, der mir vertraut und in mich eingeht."[1]

„Sobald ein Verehrer mich mit Liebe anruft, werde ich erscheinen. Ich brauche keinen Zug zum Reisen."

---

[1] Satpathy: Sai Baba, S. 305

„Man sagt von Heiligen nicht, dass sie sterben. Sie sind in *Samadhi*."[1]

Es wurde beschlossen, dass sowohl die Moschee als auch sein Grab in Buti Wada beständig für Besucher geöffnet sein sollten. Auch das *Dhuni* sollte weiterbrennen, und die heilige Asche davon sollte weiter an die Pilger verteilt werden.

1922 wurde der Shirdi Saibaba Sansthan Trust, gegründet, der sich fortan um Dwarkamayi und das Grab kümmerte.

V.a. ab den 40ern setzte ein großer Zustrom ein, als Narasimha Swami seine Bücher über Sai Baba veröffentlicht hatte. Bis heute ist Shirdi eines der bedeutendsten Pilgerorte in Indien.

Da Sai Baba wiederholt davon gesprochen hatte, er würde zum Wohl seiner Verehrer wiedergeboren werden, gab es verschiedene Personen, die sich als der wiedergeborene Sai Baba betrachteten, so z.B. Satya Sai Baba.

---

[1] Rigopolous: Life, S. 243

Verehrer und Schüler Sai Babas

Sai Baba mit Verehrern, 1903

Sai Baba hatte Schüler unter den Muslimen, Hindus, Jains und Parsen, doch die meisten waren Hindus, gefolgt von den Muslimen. Er ermutigte sie, ihrer angestammten Religion zu folgen. Von einer Konversion hielt er nichts. Als einmal ein Hindu, der zum Islam gewechselt war, in die Moschee kam, schlug Sai Baba ihn ins Gesicht und rief: „So hast du also einen neuen Vater!"[1] Er riet den Konfessionen zu einem brüderlichen Umgang. Unter seinen Verehrern gab es hohe Staatsbedienstete, aber auch einfaches Volk. Es gab Frauen, die ihm auf die eine oder andere Weise dienten, wie die Frau des Dorfvorstehers Tarkhad, Radhakrishna Ayi, Lakshmibai Shinde und Ba-

---

[1] Osborne: Sai Baba, S. 68

yajabai, die ihn in seinen frühen Jahren, als er noch am Dorfrand von Shirdi lebte, das Essen brachte.

Die Menschen kamen mit ihren alltäglichen Sorgen zu ihm, und er gab ihnen seinen Rat und Segen. Wie bei einem Guru üblich, baten sie ihn um Erlaubnis, wenn sie Shirdi verlassen wollten. Es wird berichtet, dass Verehrer, die das nicht taten, Schwierigkeiten bekamen, denn Sai Baba konnte die Probleme im Voraus erkennen.

Einmal wollte ein Europäer Sai Baba seinen Respekt zollen und machte drei Versuche, Dwarkamayi zu betreten, aber jedes Mal wurde es ihm von Sai Baba verweigert. Sai Baba wies ihn an, seinen *Darshan* in einigem Abstand zu erhalten, also vom Hof aus. Unglücklich beschloss der Herr, Shirdi sofort zu verlassen. Sai Baba riet ihm, erst am nächsten Tag zu gehen. Da die Leute von den unerfreulichen Konsequenzen wussten, die sich ereigneten, wenn man Sai Babas Anweisung in den Wind schlug, versuchten sie ihn zum Bleiben zu überreden, aber ohne Erfolg. Als die Tonga mit dem Herrn aus Shirdi wegfuhr, kam ihr plötzlich ein Fahrrad in die Quere. Die Pferde begannen zu scheuen, und der Herr wurde durch einen Unfall verletzt.

Auch H.V. Sathe machte diese Erfahrung. Er hatte in Manmad in seiner Funktion als Mitglied der Kommission für Steuerangelegenheiten einen wichtigen Geschäftstermin. Sathe schickte seinen Schwiegervater zu Sai Baba, um Erlaubnis für seine Reise zu erbitten, aber dieser verweigerte sie. Sathe machte seinem Schwiegervater klar, dass es dringend war. Falls er nicht rechtzeitig dort erschien, konnte er aus dem Staatsdienst entlassen werden. Erneut ging der Schwiegervater zu Sai Baba, und erneut verweigerte dieser ihm die Erlaubnis und ordnete sogar an, Sathe ins Zimmer einzuschließen, falls er gehen wollte. Erst drei Tage später wurde ihm erlaubt, nach Manmad zu fahren. Als er dort eintraf, stellte sich heraus, dass die anderen Mitglieder das Programm geändert und das Treffen abgesagt hatten.[1]

Sai Baba mit einem muslimischen Jungen namens Bhikha,
links Mhalsapati, rechts Madhavrao (Shama) Deshpande

Es gibt mehrere Geschichten, die bezeugen, dass Sai Baba nicht jedem sofort Zugang zu sich gewährte. Das Beispiel des Europäers wurde bereits geschildert.

Hajid Sidik Falke war ein frommer Muslim. Er kam nach Shirdi, nachdem er Mekka und Madina besucht hatte, und dachte, er wäre etwas Besonderes, da er diese Wallfahrten unternommen hatte. Sai Baba gewährte ihm neun Monate lang keinen direkten Zugang. Er durfte nur im Hof vor dem Dwarkamayi sitzen und im Chavadi leben.

Falke wartete geduldig. Er erzählte Shama Deshpande (der Schullehrer, der sich um Sai Babas tägliche Bedürfnisse kümmerte) von seiner Not, und zu gegebener Zeit erwähnte Shama es bei Sai Baba. Daraufhin besuchte Sai Baba Falke im Chavadi und warf ihm vor: „Warum prahlst du, hältst dich für groß und bist stolz, am Haji teilgenommen zu haben? Du bist stolz auf deine Pilgerreise nach Mekka, aber du erkennst mich

---

[1] s. ders., S. 60 f.

nicht." Falke war niedergeschmettert. Sai Baba beruhigte sich und ließ einige Körbe Mangos zu ihm ins Chavadi bringen. Auch gab er ihm 55 Rupien. Jetzt war er reif für seine Gnade.[1]

Sai Baba fühlte sich für jeden Verehrer verantwortlich, der zu ihm kam. Er wollte, dass sie die Barrieren von Kaste, Status, Geschlecht und Religion durchbrachen. Er lehrte sie Mitgefühl, Harmonie und Demut. Er liebte Kinder und Tiere sehr. Mit den Kindern scherzte und spielte er und trug ihnen manchmal kleinere Besorgungen auf. Er verteilte oft Obst an sie, setzte sie sich auf den Schoß, gab ihnen zu essen und scherzte mit ihnen.

Shankar, der Sohn eines Verehrers, war 1917 sieben und hatte das Privileg, viel Zeit mit Sai Baba zu verbringen. Am Morgen wartete der Junge vor der Moschee, bis Sai Baba von seiner Betteltour zurückkam. Sai Baba nahm ihn mit hinein und setzte ihn auf seinen Schoß. Wenn nötig, putzte er ihm die Nase. Er gab ihm die leckersten Gerichte, die er erhalten hatte.

Von Shankars dreckigen Kleidern wurde sein Kafni schmutzig. Shama dachte, wenn der Junge nicht auf ihn warten würde, würde Sai Baba ihn nicht mitnehmen, und so würde sein Kafni nicht schmutzig werden. Deshalb verbot er Shankar, auf ihn zu warten. Der Junge saß traurig in einer Ecke des Tempelhofs. Als Sai Baba das bemerkte, rief er ihn zu sich, aber Shankar bewegte sich nicht. Daraufhin wurde er auf seinen Befehl hin zu ihm gebracht. Sai Baba setzte ihn sich auf den Schoß und fragte, warum er so traurig sei. Shankar erzählte ihm alles. Da sagte er zu Shama, dass auch Shankar sein Kind sei, und riet ihm, nicht auf ihn oder andere Kinder, für die er viel Liebe habe, ärgerlich zu sein.[2]

Viele Kinder wie Tatya Kote Patil und Shamas Sohn konnten von Kindheit an bis ins Erwachsenenleben Zeit bei Sai Baba verbringen.

---

[1] s. Satpathy: Sai Baba, S. 154 f.
[2] s. ders., S. 184 f.

Hunde galten für Hindus und Muslime gleichermaßen als unrein. Vielleicht liebte Sai Baba sie deshalb besonders.

1917 wurde ein kleiner Hund von einem tollwütigen Hund gebissen und begann, große Hunde zu jagen. Die Dorfbewohner vertrieben ihn mit Knüppeln. Er rannte durch die Straßen und suchte schließlich in der Moschee bei Sai Baba Schutz. Die Dorfbewohner wollten, dass Sai Baba den Hund hinaustrieb, damit sie ihn töten konnten, da sie ihn für tollwütig hielten. Er aber meinte: „Ihr Verrückten, geht doch ihr hinaus. Ihr wollt eine arme Kreatur verfolgen und töten." Somit rettete er dem Hund das Leben. Es stellte sich später heraus, dass er nicht tollwütig war.[1]

Einmal schlug Mhalsapati eine Hündin mit einem Stock. Später ging er zu Sai Baba.

Sai Baba sagte zu ihm: „Im Dorf ist eine Hündin, die krank wie ich selbst ist, und jeder schlägt sie."

Da erkannte Mhalsapati seinen Fehler und bedauerte ihn.[2]

Eines Tages, als Mhalsapati zu Mittag aß, kam ein Hund in sein Haus und jaulte. Aber Mhalsapati fütterte ihn nicht. Stattdessen schlug er ihn mit einem Stock und verletzte ihn am Kopf und an der Schnauze. Am Abend desselben Tages kamen Verehrer in die Moschee und sahen, dass Sai Baba verwundet war. Sie fragten ihn, was geschehen sei. Mhalsapati war zugegen. Sai Baba sagte zu ihm: „Ich bin heute in dein Haus gekommen, um zu betteln, und du hast mich so geschlagen." Mhalsapati protestierte: „Aber wann bist du gekommen? Ich habe dich nicht gesehen." Da sagte Sai Baba: „Ist nicht dieser Hund an deine Tür gekommen?" Da verstand Mhalsapati die Lektion.[3]

Kashinath wohnte im Khandoba-Tempel. Dort kochte er täglich sein Essen, ging dann in die Moschee und bot es Sai Baba

---

[1] s. Rigopolous: Life, S. 342 f.
[2] s. ders., S. 343
[3] s. ders., S. 87

als *Naivaidya* (Nahrungsopfer) an. Eines Tages beobachtete er einen schwarzen Hund, der in der Nähe wartete, in der Hoffnung, gefüttert zu werden. Kashinath hielt es jedoch für unangebracht, zuerst den Hund zu füttern, bevor er das Essen Sai Baba angeboten hatte. Also ging er zum Dwarkamayi und ignorierte den Hund. Als er Sai Baba das Essen anbot, fragte dieser, warum er bei dem schlechten Wetter nach Dwarkamayi gekommen sei, wo er doch im Khadoba-Tempel gewesen sei. Aber keiner außer dem schwarzen Hund war dort gewesen. Sai Baba lehnte das Essen ab, und Kashinath kehrte niedergeschlagen in den Tempel zurück.

Am nächsten Tag wartete er auf den Hund, der aber nicht auftauchte. Allerding bemerkte er einen gebrechlichen *Sudra*, der aus der Entfernung beobachtete, wie er kochte. Als Brahmane mochte Kashinath nicht, dass ein *Sudra* ihm beim Kochen zusah, und vertrieb ihn. Als er ins Dwarkamayi kam, bot er Sai Baba das Essen an, doch dieser rügte ihn erneut und sagte, er hätte ihn wie am Tag zuvor beleidigt. Da erkannte Kashminath, dass auch der *Sudra* kein anderer als Sai Baba gewesen war.[1]

Sai Baba identifizierte sich mit allen Lebewesen. Er sagte: „Ich gehe in Gestalt von Hunden, Katzen und Schweinen umher. Nana (Nanasaheb Chandorkar), du bist seit 18 Jahren bei mir. Hast du das nicht gelernt? Bin ich dieser dreieinhalb Ellen große Körper? Ich esse in der Gestalt einer Ameise oder Fliege. Ich kann in jeder Gestalt sein."[2]

Eines Tages fütterte Frau Tarkhad einen Hund. Als sie später zu Sai Baba kam, lobte er sie dafür, dass sie den Hund ausreichend gefüttert hatte. Er erklärte, dass alle Lebewesen wie Hunde, Katzen, Schweine, Fliegen, Kühe und andere Tiere eins mit ihm seien, und fügte hinzu: „Gib zuerst den Hungrigen Brot, und iss dann selbst. Wer mich in allen Lebewesen sieht, ist

---

[1] s. Satpathy: Sai Baba, S. 141 f.
[2] ders., S. 296

mein Geliebter. Gib das Empfinden von Zweiheit und Unterschieden auf und diene mir, wie du es heute getan hast."[1]

Einmal sagte Sai Baba zu Lakshmibai Shinde, dass er großen Hunger habe. Lakshmibai brachte ihm Essen, das Sai Baba dann aber einem Hund gab. Er sagte, den Hunger des Hundes zu stillen sei so gut wie seinen eigenen Hunger zu stillen. Er betonte, dass derjenige, der den Hungernden zu essen gibt, ihm selbst diene.

„Wenn ein Mensch oder ein Lebewesen zu dir kommt, vertreibe es nicht unhöflich, sondern empfange es gut und behandle es mit dem gebührenden Respekt. Wenn jemand Geld von dir will und du willst ihm keines geben, dann gib ihm keines, aber belle ihn nicht an wie ein Hund."[2]

Als H.S. Dikshit ihn einmal fragte, ob man eine giftige Schlange töten sollte, antwortete Sai Baba: „Nein. Wir sollten sie nicht töten. Sie wird uns nicht töten, außer Gott hat es so bestimmt. Wenn Gott es so bestimmt hat, können wir es nicht verhindern."[3]

Drei Derwische bestritten ihren Lebensunterhalt, indem sie von Dorf zu Dorf reisten und einen alten Löwen in einem Käfig ausstellten. Da wurde der Löwe krank. Als sie von Sai Baba hörten, brachten sie den Löwen nach Shirdi und berichteten Sai Baba über seinen Zustand. Er wollte den Löwen sehen. Da wurde der Löwe zu ihm gebracht. Er sah Sai Baba an und wedelte mit dem Schwanz. Dann trommelte er damit dreimal auf den Boden und starb.[4]

Wenn ein neuer Verehrer zu Sai Baba kam, erzählte er zuweilen dessen Geschichte in der ersten Person, als würde es sich um ihn selbst handeln oder um einen, dem der Verehrer begegnet

---

[1] ders., S. 296 f.
[2] ders., S. 298
[3] Rigopolous: Life, S. 343
[4] s. Satpathy: Sai Baba, S. 170

war. Manchmal erzählte er ganz ausführlich, manchmal machte er nur eine kurze Bemerkung. So war es einmal mit einem Verehrer namens Adam Dalali. Vor einiger Zeit war ein armer *Marwari* in sein Haus gekommen und hatte um Essen gebettelt. Dalali hatte ihm vier *Annas* gegeben und ihn in ein *Marwari*-Gasthaus geschickt. Als er nun zu Sai Baba kam, identifizierte sich dieser mit dem *Marwari* und sagte spontan: „Ich bin in das Haus dieses Mannes gekommen, und er hat mich in ein *Marwari*-Gasthaus geschickt."[1]

Es folgen die kurzen Geschichten einiger engen Verehrer Sai Babas.

Gopalrao Mukund Buti

Gopalrao Buti war der Besitzer einer Mühle, Geldverleiher und einer der reichsten Männer in Nagpur in Maharashtra. Durch einen Freund war er 1910 zu Sai Baba gekommen. Fortan hing er sehr an ihm und zog schließlich nach Shirdi.

Einmal litt er an einem schweren Brech-Durchfall und musste sich beständig übergeben. Er versuchte es mit allerlei Arzneimitteln, doch sein Zustand verschlimmerte sich. Schließlich war er so erschöpft, dass er nicht zum *Darshan* von Sai Baba gehen konnte. Als Sai Baba davon erfuhr, rief er Buti zu sich und sagte: „Denk daran! Von jetzt an musst du nicht mehr austreten! Und auch das Erbrechen muss aufhören." Dann winkte er mit dem Zeigefinger, wiederholte dieselben Worte, und Buti war geheilt.

Buti diente Sai Baba auf vielfältige Weise. Er spendete Geld für verschiedene Aktivitäten in Shirdi und trug die Reisekosten für mehrere Verehrer. Auf Anweisung Sai Babas in einem Traum baute er das Buti Wada, das zwischen Moschee und Gurusthan in dem Garten lag, den Sai Baba gepflanzt hatte. Er wollte es eigentlich mit seiner Familie selbst bewohnen. Als

---

[1] s. Osborne: Sai Baba, S. 44 f.

Sai Baba starb, diente es ihm als Begräbnisstätte (*Samadhi Mandir*). Zudem kümmerte sich Buti zusammen mit anderen um die Angelegenheiten der Moschee.[1]

Ganesh Govind Narke

Ganesh Govind Narke war der Schwiegersohn von Buti. Er war Lehrer für Geologie und Chemie an einem College in Puna. Zudem arbeitete er für viele Organisationen als Experte für Geologie, Bergbau und Hüttentechnik. Er traf Sai Baba im April 1913. Als er ihm vorgestellt werden sollte, meinte Sai Baba, das sei nicht nötig, da er ihn schon seit vielen Generationen kenne. Dies und seine durchdringenden Augen hinterließen bei Narke einen bleibenden Eindruck, und er gehörte bald zu den engsten Verehrern. Wenn Sai Baba krank war, besaß er das hohe Privileg, für ihn betteln zu gehen. Als Sai Baba erfuhr, dass seine Kinder gestorben waren, segnete er Narke, der daraufhin vier weitere Kinder hatte, die lange lebten.

Einmal nach dem *Arati* zur Mittagszeit beobachtete Narke, wie Sai Baba die Leute in einem Wutanfall beschimpfte. Narke dachte, dass Sai Baba verrückt geworden sein müsse, und ging nach Hause. Als er am Nachmittag wiederkam, sagte Sai Baba plötzlich zu ihm: „Narke, ich bin nicht verrückt." Da wusste Narke, dass Sai Baba jeden Gedanken von ihm kannte.[2]

M.B. Rege

M.B. Rege war in späteren Jahren Richter am Hohen Gericht in Indore.

Als junger Student von 21 sah er im Traum, wie er nach Shirdi ging und sich vor Sai Baba verneigte. Daraufhin hatte er den brennenden Wunsch, ihn zu besuchen. Als er vor Sai Baba trat, legte er seinen Kopf auf dessen Füße. Doch Sai Baba akzeptierte seine Verbeugung nicht und fragte ihn, warum er einen

---

[1] s. Satpathy: Sai Baba, S. 80-82
[2] s. ders., S. 82-84

Mann wie ihn verehren würde? Rege war schockiert darüber, dass Sai Baba offensichtlich von seiner Überzeugung wusste, man solle keinen Menschen verehren.

Rege wartete mit geschlossenen Augen in einer Ecke von Dwarkamayi und betete zu Sai Baba, ihn anzunehmen. Nach einiger Zeit öffnete er die Augen und sah, dass Sai Baba alleine war. Erneut legte er den Kopf auf seine Füße. Diesmal akzeptierte Sai Baba seine Verehrung, umarmte ihn und sagte, er sei sein Kind.

Sai Baba ermutigte seine Verehrer normalerweise zum Studium religiöser Schriften, aber Rege wies er an, keine solche Bücher zu lesen und nur ihn im Herzen zu bewahren, was genügen würde.

Am Guru Purnima-Tag 1912 versäumte Rege es, Girlanden für Sai Baba mitzubringen, wie es bei diesem Anlass üblich war. Sai Baba bemerkte es und schenkte ihm sofort ein ganzes Bündel Girlanden, um ihn aufzumuntern.

An einem *Rama Navami* brachte jeder Verehrer ein Stück Stoff mit, überreichte es Sai Baba, und dieser gab es ihm mit seinem Segen zurück. Rege hatte einen Musselin dabei, wollte aber, dass Sai Baba ihn behalten sollte. Deshalb versteckte er ihn unter seinem Sitzplatz. Als Sai Baba aufstand, entdeckte er Reges Musselin und sagte, er würde ihn nicht zurückgeben, sondern behalten. Somit ging Reges Wunsch in Erfüllung.

Eines Tages sagte Sai Baba, er könne ihn um alles bitten, was er wolle. Er würde ihm seinen Wunsch erfüllen. Rege sagte, er wolle nur, dass er sein Guru sei, jetzt in diesem Leben und auch in den künftigen. Sai Baba versprach ihm, immer bei ihm zu sein. Rege spürte auch nach Sai Babas Tod dessen ständige Gegenwart.[1]

---

[1] s. ders., S. 84-86

Rao Bahadur Moreshwar W. Pradhan

Prabhan war zunächst ein Angestellter, dann Friedensrichter, Anwalt und gewähltes Mitglied des Bombay Legislative Council. Er besuchte Shirdi 1910.

Er hatte beschlossen, Sai Baba zwanzig Rupien als *Dakshina* (Gabe) zu geben, aber als er dann vor ihm stand, gab er ihm stattdessen einen Gold-Sovereign. Sai Baba fragte Noolkar, der in seiner Nähe stand, was die Münze wert sei. Noolkar sagte, fünfzehn Rupien. Da gab Sai Baba Pradhan die Münze zurück und bat ihn stattdessen um fünfzehn Rupien. Pradhan gab sie ihm sofort.

Baba zählte die Geldnoten, meinte, es seien nur zehn Rupien, und verlangte den Rest. Pradhan gab ihm nochmals fünf, obwohl er wusste, dass er ihm bereits den vollen Betrag gegeben hatte. Es war ihm klar, dass Sai Baba ihn nur auf die Probe stellen wollte.

Seine Frau wollte Sai Baba unbedingt besuchen und nahm ihre Schwägerin mit, die hochschwanger war. Als sie zu ihm kamen, zeigte er auf Frau Pradhan und sagte, sie würde die Mutter von Babu sein. Später stellte sich heraus, dass die Schwägerin einen Tumor hatte und nicht schwanger war. Frau Pradhan gebar zwölf Monate später tatsächlich einen Sohn, den sie Babu nannte.

Schließlich kam die Pradhan-Familie mit Babu zu Sai Baba. Dieser sagte die mysteriösen Worte: „Fünf Jahre mit Baba und fünf Jahre mit seiner Mutter, richtig?" Babu starb im Alter von zehn. Mit Sai Babas Segen gebar Frau Pradhan zwei weitere Kinder, die lange lebten. Am 15. Oktober 1918 sah sie im Traum, dass Sai Baba im Sterben lag, was sich als richtig erwies.

Pradhan blieb lebenslang ein Mitglied des Shirdi Sansthan Trust.[1]

Radhakrishna Ayi

Eine bekannte Verehrerin war Radhakrishna Ayi (Ayi = Mutter in Marathi). Sie war kurz nach ihrer Hochzeit mit 17 Witwe geworden. Untröstlich wanderte sie umher und besuchte verschiedene Pilgerorte in der Hoffnung auf inneren Frieden, suchte Heilige auf und bat sie um Rat.

Während dieser Reisen kam sie 1909 nach Shirdi, wo sie Sai Baba begegnete. Sie trug weiße Kleidung und eine Stofftasche. In den Händen hielt sie ihre Musikinstrumente – ein Ektara (Zupftrommel) und ein Kartal (Handzimbel). Sie verbeugte sich in tiefer Ehrfurcht vor Sai Baba. Dieser nahm sie als seine Verehrerin an und traf für sie Vorkehrungen für ihre Unterkunft in der Schule, die zwischen dem Dwarkamayi und dem Chavadi lag.

Sai Baba nannte sie Radha Krishni. Sie war klein und freundlich, aber mit einem starken Willen und einem unabhängigen Geist und wurde für viele zu einer Beraterin in spirituellen Dingen. Sai Baba schickte immer wieder Leute zu ihr, die Führung suchten.

Radha Krishni war eine begabte Sängerin und sang früh am Morgen fromme Lieder über Krishna. Sie betrachtete Sai Baba als Krishna und wollte ihn mit allem Pomp verehren. Sie sorgte dafür, dass es fortan Fahnen, Schirme und andere Dinge gab, die bei der *Puja* (Gottesdienst) gebraucht wurden, und sogar eine Sänfte für die Prozession zum Chavadi. Als einmal einige Silberdinge aus der Sänfte gestohlen wurde, meinte Sai Baba: „Warum wurde nicht die ganze Sänfte gestohlen?"[2]

---

[1] s. Satpathy: Sai Baba S. 86-88
[2] Rigopolous: Life, S. 141

48

Als sie 1916 starb, wurde der Pomp, den sie um Sai Baba herum veranstaltet hatte, weniger.[1]

Nanavali

Nanavali war ein ungeschlachter Brahmane, der 1916 zu Sai Baba kam. Er verhielt sich oft schroff und unangebracht, steckte sich Skorpione in den Mund und aß Schweinemist, doch Sai Baba schätze ihn sehr.

Als einmal Sai Baba auf seinem Sitzplatz auf der Plattform der Moschee saß, tauchte plötzlich Nanavali auf und bat ihn, seinen Platz zu räumen. Sai Baba tat es still. Nanavali setzte sich, stand nach einiger Zeit wieder auf, bat Sai Baba, seinen Platz wieder einzunehmen, und fiel ihm zu Füßen. Andere Verehrer wurden wütend über dieses ungehörige Betragen in der Öffentlichkeit, doch Sai Baba blieb ruhig.

Nanavali belästigte grundlos die Dorfbewohner und Verehrer und verursachte viel Chaos. Er trug Messer und Glasscherben bei sich und bedrohte damit jeden. Viele wurden von ihm angegriffen. 1916 bedrohte er H.V. Sathe so sehr, dass dieser aus Shirdi floh und erst nach dem Tod von Nanavali 1918 wiederkam.

Die Leute beschwerten sich über ihn bei Sai Baba. Dieser sagte zu ihm, dass die Verehrer nicht mehr nach Shirdi kommen würden, wenn er sich weiterhin so aufführte. Doch Nanavali änderte sich nicht, sondern meinte prahlerisch, er sei der General von Sai Babas Armee. Manchmal kleidete er sich wie ein Fakir, manchmal wie ein *Sadhu*, und manchmal war er nackt. Sai Baba sagte von ihm, dass er ein *Avadhuta* sei, einer, der jede Bindung an weltliche Dinge abgelegt hat, und warnte die Leute, sich vor ihm zu hüten.

---

[1] s. Satpathy: Sai Baba, S. 89-92

Nanavali liebte jedoch Sai Baba sehr. Er starb am 28. Oktober 1918, dreizehn Tage nach Sai Baba, während er den Namen seines Gurus wiederholte.[1]

Der Rohilla

Ein weiterer ungewöhnlicher Charakter war Pathan, den alle den Rohilla nannten. Er war ein gut gebauter junger Muslim, der eine Weile in Shirdi blieb. Er wiederholte nachts mit seiner lauten und durchdringenden Stimme den Vers aus dem Koran „Allah-o-Akbar" (Gott ist groß). Das störte die Dorfbewohner in ihrem Schlaf, und sie beklagten sich bei Sai Baba. Doch dieser riet ihnen zu Toleranz. Sie sollten den Rohilla nicht daran hindern, da er Gottes Namen rezitierte.[2]

Abdul Baba

Der Muslim Abdul Baba war einer der wenigen, die lange und beständig bei Sai Baba waren. Er kam als junger Mann 1890 nach Shirdi und blieb bis zum Tod von Sai Baba und auch danach.

Als Abdul nach Shirdi kam, lebte er in einem Stall in der Nähe der Moschee, später in der Schule gegenüber dem Chavadi, wo Radhakrina Ayi gewohnt hatte. Die meiste Zeit verbrachte er mit dem Dienst für Sai Baba. Er putzte, wusch seine Kleidung, zündete die Lampen im Dwarkamayi an und holte Wasser. Auch begleitete er Sai Baba täglich nach Lendi Bagh. Er lebte vom Betteln. Wenn er nichts zu tun hatte, las er den Koran, während er neben Sai Baba saß. Oft verbrachte er die Nächte bei ihm und schrieb auf Papierschnipsel auf, was Sai Baba sagte. Diese Papierfetzen wurden später zu Abduls Tagebuch in Urdu, das aber nicht veröffentlicht wurde. Alles, was Sai Baba sagte, hielt er für heilig.

---

[1] s. ders., S. 92 f.
[2] s. ders., S. 93 f.

Abdul in der Mitte

Sai Baba wollte, dass Abdul ein asketisches Leben führte, damit er auf dem spirituellen Weg Fortschritte machte. Deshalb wies er ihn an, weniger zu essen und zu schlafen und immer den Namen Gottes im Gedächtnis zu behalten. Seine Pflicht bestand auch darin, Sai Baba die ganze Nacht über wach zu halten und die heiligen Worte, die er ihn gelehrt hatte, zu wiederholen.

Nach Sai Babas Tod kehrten die meisten Verehrer wieder nach Hause zurück, doch Abdul blieb. Er pflegte Sai Babas Grab, brachte Blumen und vollzog bestimmte Riten.[1]

Bade Baba

Bade Baba war auch als Fakir Peer Mohammed bekannt. Er kam etwa 1909 nach Shirdi und blieb. Zu Beginn wohnte er im Chavadi. Sai Baba hatte ihm zunächst keine Erlaubnis erteilt, ins Dwarkamayi zu kommen und meinte: „Lasst ihn im Chavadi sitzen und das Buch (den Koran) lesen."

Nachdem neun Monate vergangen waren, gab Sai Baba ihm die Erlaubnis, ins Dwarkamayi zu kommen. Er wurde in der Folge

---

[1] s. ders., S. 94-96

eine bekannte Persönlichkeit, und Sai Baba privilegierte ihn sehr. Er durfte rechts neben ihm auf der Plattform sitzen, und er servierte ihm das Mittagessen mit seinen eigenen Händen. Es wurde zu einer täglichen Routine, dass Bade Baba vor den Mahlzeiten kam und sich unten im Sabha Mandap niederließ. Wenn Sai Baba seinen Namen rief, stieg er die Stufen zur Plattform hinauf und setzte sich neben ihn. Als er einmal nicht erschien, weigerte Sai Baba sich, mit dem Essen zu beginnen. Alle warteten. Es wurde nach ihm gesucht. Schließlich gelang es jemandem, Bade Baba ausfindig zu machen und ihn an seinen Platz zu bringen. Erst jetzt wurde mit der Mahlzeit begonnen.

Einmal kam ein Hund in die Moschee und kostete von der Buttermilch in einem Topf. Bade Baba, der in der Nähe saß, bat einen Jungen, die Buttermilch wegzuwerfen, da er sie für verunreinigt hielt. Sai Baba fragte ihn, was los sei. Nachdem Bade Baba es erklärt hatte, sagte er: „Diese Buttermilch ist gut. Nimm sie mit nach Hause und koche *Kadhi* (Joghurt-Kurkuma-Suppe). Wir werden es beide essen." Bade Baba bereitete das *Kadhi* zu, brachte es mit, rührte es aber nicht an. Sai Baba dagegen aß es mit großem Genuss.

Bade Baba verbrachte unzählige Tage mit Sai Baba und erhielt auf vielerlei Weise Belehrung, doch er schien die Botschaft nicht zu verstehen.

Jeden Tag kamen etwa 400 bis 500 Rupien als *Dakshina* zusammen. Bis zum Abend verteilte Sai Baba den gesamten Betrag, und seine Taschen waren wieder leer. Er gab Dada Kelkar, Bade Baba, Sunderabai, Lakshmibai, Tatya Patil und anderen täglich eine bestimmte Summe. Aber die Ehre, den höchsten Betrag zu erhalten – etwa 50 Rupien – wurde Bade Baba zuteil.

Die Bewohner von Shirdi fragten sich: „Was kann ein Fakir wie Bade Baba davon haben, jeden Tag eine so große Summe zu erhalten?" Deshalb baten sie ihn, den Bau des Haupteingangs zum Dorf zu finanzieren. Bade Baba tat es jedoch nicht.

Daraufhin verboten ihm die Dorfbewohner, ins Dorf zu kommen. Er ging nach Nimgaon und blieb dort. Um das Problem zu umgehen, traf Sai Baba sich täglich mit Bade Baba am Ufer des Nullahs und übergab ihm dort den Betrag. Die Dorfbewohner erkannten schließlich, dass sie Sai Baba große Unannehmlichkeiten bereiteten, und riefen Bade Baba zurück nach Shirdi.

Nach diesem Ereignis verbeugten sich die Dorfbewohner vor Bade Baba. Das machte ihn noch arroganter. Er fühlte sich überlegen und begann sogar, gegen die Wünsche von Sai Baba zu handeln. Sein aufgeblasenes Ego wurde für die anderen Verehrer zum Ärgernis.

Wenn Sai Baba seinen Verehrern Geld gab, betonte er immer, dass das Geld Allah gehöre. Sie sollten es für wohltätige Zwecke ausgegeben und nicht für Eigeninteressen. Bade Baba gab das Geld jedoch für seine Familie aus. Aber innerhalb von zwei Monaten, nachdem Sai Baba gestorben war, war Bade Baba mittellos und musste von Dorf zu Dorf betteln gehen. Er starb im Januar 1926 in Nagpur.[1]

Mhalsapati Chimnaji Nagare

Mhalsapathi war Goldschmied in Shirdi und ein Verehrer der Gottheit Khandoba. Später gab er seinen Beruf auf und wurde Priester des Khandoba-Tempels. Als Sai Baba mit der Hochzeitsgesellschaft 1872 nach Shirdi kam und im Khandoba-Tempel Halt machte, begegnete Mhalsapathi ihm zum ersten Mal.

Sai Baba verhielt sich in der ersten Zeit auf eine Art und Weise, die für die Dorfbewohner völlig unverständlich war, und selbst Mhalsapathi war der Meinung, dass er sich manchmal wie ein Verrückter benahm. Aber während andere deswegen ihren Respekt vor Sai Baba verloren, hatte Mhalsapathi immer große Hochachtung vor ihm, vielleicht weil er sich daran erinnerte,

---

[1] s. ders., S. 96-99 und http://saiamrithadhara.com/mahabhakthas/bade_baba.html (24.10.2024)

dass es eine Klasse von Heiligen gab, die als *Unmattha Siddhas*, verrückte Heilige, bekannt sind. Er schätzte Sai Baba sehr und fühlte sich daher von Anfang an zu ihm hingezogen. Andere Menschen begannen Sai Baba erst zu verehren, als sie seine übersinnlichen Kräfte sahen, z. B. als er Wasser in Öl verwandelte, um seine Lampen zu speisen. (s.h.) Mhalsapathi dagegen schätzte Sai Baba wegen seiner Reinheit und Ungebundenheit und stellte fest, dass er im Vergleich zu Devidas, Janakidas und anderen Heiligen im Ort hervorstach und dass selbst diese *Sadhus* ihn sehr schätzten. Mhalsapathi und seine Freunde betrachteten ihn daher als geeignet, für sie der Guru zu sein.

Mhalsapathi war der erste, der Sai Baba rituell verehrte. Er ging in die Moschee und legte Blumen und Sandelpaste auf Sai Babas Füße oder um seinen Hals und bot ihm Milch an. Sai Baba erlaubte es anderen anfangs nicht, dasselbe zu tun. Daraus entwickelte sich später eine regelmäßige *Puja*, bei der Sandelpaste und Blumen auf seine Füße, um seinen Nacken und schließlich auch auf seine Stirn gelegt wurden.

Mhalsapathis Kontakt zu Sai Baba war sehr eng. Als sein einziger Sohn starb – er hatte noch vier Töchter – war er des Lebens überdrüssig. Sein Beruf warf nicht viel ab. Angeleitet durch eine Vision gab er seinen Beruf auf, wurde ein *Sannyasin* und verbrachte seine Tage und Nächte fortan bei Sai Baba. Einmal meinte Sai Baba, er solle bei seiner Familie schlafen. Das tat er schließlich widerwillig. Da wurde ihm nochmals ein Sohn geboren. Aber danach nahm er sein altes Gelübde wieder auf und schlief fortan nur noch bei Sai Baba in der Moschee und im Chavadi. Mhalsapathi breitete sein Tuch auf dem Boden aus, auf dem Sai Baba auf der einen Hälfte lag und er auf der anderen.

Sai Baba gab ihm schwere Aufgaben, die andere unmöglich übernehmen konnten. So sagte er zu ihm: „Schlafe nicht ein. Lege deine Hand auf mein Herz. Ich werde mit der Erinnerung an Allah fortfahren, *Namasmaran* üben, und während dieses *Namasmaran* wird der Herzschlag dir deutlich zeigen, dass ich es immer noch mache. Wenn er plötzlich verschwindet und der natürliche Schlaf einsetzt, wecke mich auf." Der Herzschlag während des natürlichen Schlafes unterscheidet sich offensichtlich vom Herzschlag der kontemplativen Trance. Daher schliefen weder Sai Baba noch Mhalsapathi nachts viel.

Obwohl Sai Baba ihm Geld anbot, wie er es auch bei den anderen Schülern tat, nahm Mhalsapati es nie an, nicht einmal, um damit seine Familie zu unterhalten.

Sai Baba bat Mhalsapathi mehrmals: „Nimm diese drei Rupien, nimm sie ruhig." Mhalsapathi weigerte sich ausnahmslos. Sai Baba fügte – wohl als Test – hinzu: „Ich werde dich wohlhabend machen. Andere Menschen werden zu dir kommen, von dir abhängig sein und sich um deine Gunst bemühen. Dein Leben wird bequem sein." Mhalsapathi erwiderte stets: „Das alles will ich nicht. Ich möchte nur deine Füße verehren."

Ein wichtiges Ereignis in Mhalsapathis Leben war, als Sai Baba 1886 seinen Körper verließ und ihm auftrug, über ihn zu wachen, wobei er drei Tage später in ihn zurückkehrte.

Mit Mhalsapati steht auch der missglückte Heilungsversuch von Nigoj Patils Frau in Verbindung. Wie üblich hatte er sein Tuch ausgebreitet, und Sai Baba lag auf der einen Hälfte, er selbst auf der anderen. Da sagte Sai Baba zu ihm. „Heute werden wir auf der Hut sein. Die Pest will die Frau von Nigoj Patil mitnehmen. Ich bete zu Allah, dies durch *Namasmaran* zu verhindern. Du solltest dafür sorgen, dass niemand kommt und mich bei meinem *Namasmaran* stört." Also blieb Mhalsapathi wach. Doch mitten in der Nacht kam Nivas Mamlatdars Diener. Er erklärte, dass sein Herr Sai Babas *Darshan* und Udi wollte, und machte Lärm. Mhalsapathi versuchte, dies zu verhindern, aber vergeblich. Sai Baba wurde gestört, stieß üble Flüche aus, warf in seinem Zorn Mhalsapatis Tuch fort und schalt ihn: „Du bist ein Mann mit Familie. Weißt du nicht, was bei Nigoj vor sich geht? Diese Unruhe hat meine Bemühungen zum Scheitern gebracht. Seine Frau ist jetzt tot.“

Mhalsapati starb 1922 im Alter von fast 85 Jahren.[1]

Rao Bahadur Hari Vinayak Sathe

H.V. Sathe, den Sai Baba Saheb nannte, war einer seiner engen Verehrer. Er war Steuerbeamter.

Als er 45 war, verlor er seine Frau. Er hatte eine Tochter, aber keinen Sohn. Wie die meisten Inder wünschte er sich einen Sohn, um seine Linie weiterzuführen. Doch er wollte nicht wieder heiraten. Da beschloss er, einen Heiligen um Rat zu fragen. 1904 kam er zu Sai Baba. Dieser sagte, er würde einen Sohn bekommen, wenn er wieder heiratete. Also heiratete er die Tochter von Dada Kelkar. Er war inzwischen bereits fünfzig. Mit seiner zweiten Frau hatte er zwei Töchter und einen Sohn.

Sathe arbeitete in Ahmednagar als Richter. Da er Shirdi sehr oft besuchte, wollte er dort einen festen Wohnsitz haben. 1906 baute er ein Haus, das Sathe Wada, das ihm und vielen Besuchern als Unterkunft diente.

Wie bereits erwähnt, gründete Sathe auf Sai Babas Wunsch den DBS, der sich um die Angelegenheiten der Moschee kümmerte und die erste Zeitschrift über Sai Baba herausbrachte.[2]

Hari Sitaram Dikshit

H.S. Dikshit, auch als Kakasaheb (Kaka) Dikshit bekannt, war Jurist in Bombay und Mitglied des Bombay Legislative Council. Er verbrachte einige Jahre in England, wo er sich beim Einstieg in einen Zug ein Bein verletzte, das fortan gelähmt war und schmerzte. 1909 kehrte er nach Indien zurück.

---

[1] s. ders., S. 99-101 und http://saiamrithadhara.com/mahabhakthas/mhalsapati.html (24.10.2024)
[2] s. ders., S. 101-104

Sein Bein machte ihm einmal wieder zu schaffen, als er seinen Freund Nanasaheb Chandorkar traf. Dieser riet ihm, Sai Baba zu besuchen, der ihn von seiner Lahmheit befreien würde. Sai Baba empfing ihn mit den Worten: „Oh, willkommen, Langda Kaka (lahmer Kaka)!" Dikshit war zwar zu Sai Baba gekommen, um von seiner Lahmheit geheilt zu werden, aber jetzt fühlte er sich spirituell angezogen und beschloss, allem, was Sai Baba sagte, zu folgen. Er blieb in Shirdi und baute ein Haus für sich und die Besucher, das Dikshit Wada. Es wurde 1911 fertiggestellt.

Da er sich die meiste Zeit in Shirdi aufhielt, litt sein Beruf. Auch seine finanziellen Mittel schmolzen dahin, aber er kümmerte sich nicht darum.

Dikshit löste die meisten Probleme, die in Shirdi auftauchten. Er vermittelte bei Konflikten und rechtlichen Streitereien und kümmerte sich um finanzielle Dinge. Als sich nach Sai Babas Tod die Muslime und Hindus über die Beisetzung stritten, veranlasste er, dass ein Dorfbeamter eine Befragung durchführte. Er kümmerte sich auch danach um viele rechtliche Angelegenheiten.

Sai Baba hatte ihm einen glücklichen Tod versprochen. Und so kam es auch. Als er 1926 mit Hemadpant Dabholkar im Zug unterwegs war, unterhielt er sich mit ihm über Sai Baba. Plötzlich legte er seinen Kopf auf Hemadpants Schulter und verließ die Welt ohne Schmerzen.[1]

---

[1] s. ders., S. 104-107 und http://www.saiamrithadhara.com/mahabhakthas/hari_sitaram_dixit.html (24.10.2024)

Die Wunder von Sai Baba

Sai Baba wirkte viele Wunder und rechtfertigte sie mit dem wichtigen Ausspruch: „Ich gebe meinen Verehrern, was sie wollen, damit sie beginnen, das zu wollen, was ich ihnen geben will."[1]

Eines der ersten bekannten Wunder war das Entzünden der Öllampen mit Wasser 1892. Sai Baba hatte immer Lampen in Dwarkamayi brennen. Dafür erhielt er von den örtlichen Geschäftsleuten Öl. Doch eines Tages weigerten sich alle, ihm Öl zu geben. Sai Baba sagte nichts und kehrte in seine Moschee zurück. Das Kännchen, das er benutzte, war bis auf einige wenige Tropfen leer. Er füllte es mit Wasser, goss es in die Lampen und zündete sie an. Das Wasser brannte wie Öl, und die

---

[1] Osborne: Sai Baba, S. 28

Lampen brannten die ganze Nacht, was die Geschäftsleute und Dorfbewohner, die es beobachteten, sehr erstaunte. Die Nachricht von diesem Wunder verbreitete sich in ganz Maharashtra. Fortan strömten die Leute herbei, um seine Hilfe zu suchen.

Ein weiteres bekanntes Wunder ist die Rettung von Kapitän Daruwala. Er war ein parsischer Verehrer und trug immer Sai Babas Foto bei sich. Als er im Russisch-Japanischen Krieg 1904/05 einen Schiffskonvoi anführte, sanken bei einem feindlichen Angriff alle Schiffe außer drei. Da betete er zu Sai Baba für die Besatzung der restlichen Schiffe.

Zur selben Zeit ereignete sich im Dwarkamayi eine ungewöhnliche Szene. Sai Baba saß wie gewöhnlich auf seinem Platz, als er plötzlich „Haq, haq" (Gott, Gott) rief. Die Anwesenden waren schockiert, als sie ihn völlig nass sahen. Wasser floss an seinem Körper hinab. Gleichzeitig sah Kapitän Daruwala, wie Sai Baba mitten im Meer erschien und sein Schiff in Sicherzeit zog. Drei Tage später erreichte Dwarkamayi ein Telegramm an Sai Baba, in dem Kapitän Daruwala sich für seine Rettung und die der anderen bedankte.[1]

Deshpande hatte einen blinden Großvater. 1916 brachte er ihn nach Shirdi und führte ihn an der Hand zu Sai Baba. Der alte Mann verneigte sich vor ihm und sagte: „Baba, ich kann nicht sehen."

Sai Baba erwiderte: „Du wirst sehen. Gib mir vier Rupien."

Deshpande gab ihm die vier Rupien. Sai Baba legte seine Hand auf den Kopf des alten Mannes, und er konnte wieder sehen. Als er voller Freude Sai Baba pries, gab dieser ihm Udi und bat ihn zu gehen.

Einmal sagte eine blinde Frau: „Baba, ich möchte dich mit diesen Augen sehen." Sofort konnte sie sehen. Aber sobald sie

---

[1] s. Satpathy: Sai Baba, S. 158 f.

gegangen war, kehrte ihre Blindheit zurück, doch ihr Wunsch war erfüllt worden.

1913 hatte B.U. Bahalkars kleiner Sohn fünf oder sechs Tage lang hohes Fieber. Der Arzt sagte, es bestünde wenig Hoffnung. Bahalkar betete zu Sai Baba. Um zwei Uhr nachts erschien Sai Baba im Zimmer, trug Udi auf das Kind auf und sagte: „Du musst dir keine Sorgen mehr machen. In zwei Stunden wird der Junge schwitzen, und am Morgen wird es ihm viel besser gehen. Wenn es ihm wieder gut geht, bring ihn zu mir." Und so geschah es.

Das ereignete sich in Bahalkars Haus in Dhulia. Zwei Tage später erhielt er einen Brief von Deshpande aus Shirdi, in dem er schrieb, dass Sai Baba zu ihm gesagt habe: „Ich war im Haus deines Freundes in Dhulia. Ich gehe täglich in sein Haus. Du solltest ihm das schreiben."

Einmal sagte Sai Baba zu Mhalsapathi, der ständig bei ihm war: „Deine Frau hat einen schmerzhaften Tumor am Hals. Ich werde ihn heilen. Kein anderer kann es tun, nur ich." Seine Frau war nicht in Shirdi, und Mhalsapathi wusste nichts von dem Tumor. Später erhielt er einen Brief, der davon berichtete und auch davon, dass er plötzlich verschwunden war.[1]

Ein andermal sah Sai Baba die Krankheit eines Kindes voraus.

Der Polizist S.S.D. Nimonkar war von Puna nach Nimon unterwegs, wo die Frau seines Bruders kürzlich ein Kind geboren hatte. Er machte in Shirdi Halt, um Sai Baba zu besuchen. Als er sich verabschieden wollte, gab Sai Baba ihm das übliche Udi und sagte zu ihm: „Rette das Leben des Kindes."

Als er in Nimon ankam, war das Neugeborene fast tot. Die Atmung hatte aufgehört, und die Eltern hatten alle Hoffnung verloren. Er konnte das Udi nicht finden. Vermutlich hatte er es unterwegs verloren. So nahm er das Kind auf den Schoß und

---

[1] s. Osborne: Sai Baba, S. 46-48

betete zu Sai Baba um Hilfe. Nach fünfzehn Minuten war die Krise vorbei, und das Kind erholte sich.[1]

Nana (Nanasaheb) war mit einigen Gefährten auf den Harischandra-Hügel etwa 40 Meilen von Shirdi entfernt geklettert, auf dessen Gipfel der Schrein einer Göttin stand. Es war ein heißer Sommertag, und die Hitze und der steile Aufstieg machten ihm zu schaffen. Er bat seinen Freund um Wasser, doch dieser hatte keines. Nana wurde sehr müde und hatte auch nicht mehr die Kraft, nach unten zu klettern. Er setzte sich auf einen Felsen und rief: „Wenn Baba da wäre, würde er mir sofort Wasser geben, um meinen Durst zu stillen." Sein Freund meinte, dass solche „Wenns" nutzlos seien.

Zur gleichen Zeit sagte Sai Baba in Shirdi in der Gegenwart einiger Verehrer: „Nana hat großen Durst. Sollten wir ihm nicht eine Handvoll Wasser geben?" Die Leute um ihn wussten nicht, wovon er sprach, und er erklärte es ihnen nicht.

Kurz darauf sah Nana einen Bergbewohner auf sie zukommen. Nana bat ihn um Wasser, obwohl er ein Unberührbarer war oder einer geringen Kaste angehörte. Dieser antwortete: „Wie! Du bittest mich um Wasser! Unter dem Felsen, auf dem du sitzt, ist Wasser!" Nanas Freunde hoben den Felsbrocken hoch, und tatsächlich! Nana trank sich satt, wanderte weiter nach oben und vollendete seine Pilgerreise.

Als er einige Tage später nach Shirdi kam, sagte Sai Baba: „Nana, du warst auf dem Berg sehr durstig. Ich habe dir Wasser gegeben. Hast du es getrunken?" Nana sah ihn verwundert an.[2]

Sai Baba nahm auch das Leid anderer auf sich.

An einem Divali 1910 warf Sai Baba Brennholz ins Feuer, steckte plötzlich seinen Arm hinein und verbrannte ihn. Shama Deshpande zog ihn an der Taille vom Feuer fort und fragte, warum er das getan habe. Sai Baba antwortete: „In einem fernen

---

[1] s. ders., S. 49
[2] s. Rigopolous: Life, S. 124 f.

Dorf hat die Frau des Schmieds am Blasebalg gearbeitet. Da hat ihr kranker Mann nach ihr gerufen, und sie hat sich hastig umgewandt. Das Kind auf ihrem Schoß ist ins Feuer gerutscht. Ich habe meine Hand ausgestreckt, um es zu retten. Meine Hand macht mir nichts aus, aber ich bin froh, dass das Kind in Sicherheit ist."

Als ein Verehrer von dem verbrannten Arm hörte, brachte er einen bekannten Arzt aus Bombay mit. Sai Baba ließ sich jedoch nicht von ihm behandeln, erlaubte aber dem Leprakranken Bhagoji Shinde, Ghee auf die Wunde aufzutragen, ein Blatt auf sie zu legen und sie zu verbinden. Sai Baba meinte, Allah sei sein Arzt. Schließlich verheilte der Arm. Es wird berichtet, dass der Schmied und seine Frau später nach Shirdi kamen und Sai Baba dankten.[1]

Kharpades Sohn litt an der Beulenpest. Er lebte bei seiner Mutter in Shirdi, die Angst vor Ansteckung hatte und in ihre Heimatstadt zurückkehren wollte. Sie erzählte Sai Baba davon und bat um seine Erlaubnis, Shirdi verlassen zu dürfen. Sai Baba sagte, dass der Himmel voller Wolken hing, aber sie würden sich verziehen, und er würde wieder klar werden. Damit hob er seinen Kafni bis zur Taille hoch, zeigte allen Anwesenden vier Beulen, die so groß wie Eier waren, und sagte: „Seht, wie sehr ich um meiner Verehrer willen leiden muss. Ihre Schwierigkeiten sind die meinen."[2]

Als einmal sein Pferd Shyam Karan von seinem Trainer geschlagen wurde, um es gefügig zu machen, empfand Sai Baba, der in der Moschee saß, plötzlich großen Schmerz, und die Striemen durch die Schläge erschienen auf seinem Rücken, als wäre er geschlagen worden.[3]

Joseph Norvekar war ein Katholik, verehrte aber auch Sai Baba. Er erzählt: „Ich bin nie nach Shirdi gegangen, aber ich

---

[1] s. ders., S. 156
[2] Satpathy: Sai Baba, S. 159 f.
[3] s. ders., S. 169 f.

habe von Freunden von Sai Baba gehört und trage sein Bild bei mir. Ich verehre das Bild nicht, aber ich halte ihn für einen Heiligen. Er verfügt über große Kräfte."

1917 wurde Norvekar krank. Sein Sohn gab Sai Baba 500 Rupien. Als Baba sie empfangen hatte, begann er vor Fieber zu zittern. Als man ihn nach dem Grund fragte, sagte er: „Wenn wir etwas für andere tun, müssen wir ihre Bürden und Verantwortlichkeiten auf uns nehmen." Kurz darauf war Norvekar fieberfrei.[1]

Einmal klagte Sai Baba über fürchterliche Schmerzen im Unterleib und bat die Verehrer, ein Stück Stoff um ihn zu wickeln und fest zuzuziehen. Er rief: „Fester! Fester! Ich kann es nicht ertragen! Der Schmerz ist fürchterlich!" Dann entspannte er sich plötzlich. Es stellte sich heraus, dass eine Frau bei ihrer schmerzhaften Entbindung Sai Baba um Hilfe angefleht hatte.[2]

Es wird erzählt, dass Sai Baba den Tod von Ramachandra und Tatya Kote Patil verhinderte.

Ramachandra Patil war ein großer Verehrer von Sai Baba. Sein Haus gehörte zu den fünf, bei denen er täglich bettelte. 1916 erkrankte Patil schwer und lag im Sterben. Nachts spürte er plötzlich, dass Sai Baba neben seinem Kissen stand. Patil fragte ihn verzweifelt, wann er sterben müsse. Sai Baba versicherte ihm, dass er bald wieder gesunden werden würde, aber dass Tatya Patil in zwei Jahren, am Vijaya Dashami-Tag 1918, sterben würde. Wie vorhergesagt wurde er wieder gesund, sorgte sich aber fortan um Tatyas Leben.

Die zwei Jahre vergingen, und wie vorhergesagt erkrankte Tatya 1918. Auch Sai Baba hatte Fieber. Am Vijaya Dashami-Tag hatte Tatya nur noch einen sehr schwachen Puls, und es sah danach aus, dass er sterben würde. Doch dann erholte er sich wieder, aber Sai Baba starb genau an diesem Tag. Viele

[1] s. Osborne: Sai Baba, S. 45 f.
[2] s. ders., S. 90

Verehrer dachten deshalb, dass er sein Leben für seinen Verehrer hingegeben hatte.[1]

Sai Baba besaß auch die Kontrolle über die Naturkräfte, um seine Verehrer zu schützen. Er nannte die Naturgewalt beim Namen und befahl ihr wie Jesus dem Sturm auf dem See Genezareth.

Sai Baba mit seinem *Satka* (Stock)

Eines Abends wütete ein heftiger Sturm über Shirdi, und es regnete sintflutartig, sodass das Dorf überschwemmt wurde. Die Einwohner rannten zu Sai Baba um Hilfe. Sai Baba ging hinaus und sagte mit donnernder Stimme zum Sturm: „Hör auf zu wüten und beruhige dich." Auf wundersame Weise hörten Sturm und Regen in einigen Minuten auf.[2]

---

[1] s. Satpathy: Sai Baba, S. 160 f.
[2] s. ders., S. 161

Einmal brannte das Feuer des *Dhuni* sehr hoch. Die Flammen schienen die Dachsparren zu erreichen. Die Leute in der Moschee wussten nicht, was sie tun sollten. Sie getrauten sich nicht, Sai Baba zu bitten, die Flammen mit Wasser zu löschen. Aber Sai Baba bemerkte es. Er nahm seinen Stock, schlug damit gegen die Säule vor ihm und befahl: „Beruhige dich!" Mit jedem Stockschlag wurde die Flamme niedriger, und in einigen Minuten brannte das *Dhuni* ruhig und wieder normal.[1]

Shirdi war ungefähr sechs Meilen vom nächsten Bahnhof in Kopergaon entfernt, und das einzige Beförderungsmittel bis dahin war die Kutsche. Einige Besucher von Sai Baba mussten unbedingt den Nachtzug erreichen, um nach Bombay zurückzukehren, aber es tobte ein schreckliches Gewitter. Sai Baba sah zum Himmel und rief: „Hey, es reicht! Hör sofort auf! Meine Kinder müssen zurückkehren." Und das Gewitter hörte auf.[2]

Es gibt unzählige Heilungsgeschichten von Sai Baba. Dem Udi, das er den Verehrern gab, wurden Wunderkräfte zugeschrieben. Es löste allmählich die Heilkräuter vom Anfang ab.

Manchmal empfahl er Mittel, die die Krankheit eigentlich eher verschlimmern würden als heilen. Die Verehrer zweifelten jedoch nie an seinem Rat, und das Mittel wirkte, so absurd es auch sein mochte.

Babusaheb litt an der Cholera und hatte einen unstillbaren Durst. Er ging zu Sai Baba und bat ihn, seinen Durst zu stillen. Dieser hieß ihn, heiße gesüßte Milch mit Mandeln, Walnüssen und Pistazien zu trinken. Aus medizinischer Sicht hätte dieses Getränk den Durst nur noch verschlimmert. Er trank die Milch, und der Durst verschwand ebenso wie die Cholera.[3]

---

[1] s. Rigopolous: Life, S. 158
[2] s. Osborne: Sai Baba, S. 27
[3] s. Satpathy: Sai Baba, 162 f.

Sai Baba hielt nichts von zu strengen orthodoxen Regeln wie etwa, keine Zwiebeln zu essen. S.B. Nachne erzählte folgende Geschichte, in der Sai Baba Zwiebeln gegen eine Augenkrankheit verordnete:

„Ich ging 1915 mit einer Gruppe, der auch meine Schwiegermutter angehörte, nach Shirdi. Wir nahmen Unterkunft im Sathe Wada. Dada Kelkar bewohnte auch einen Teil des Anwesens. Meine Schwiegermutter kochte und schnitt Zwiebeln, aber Dada war ein streng orthodoxer Brahmane, der Zwiebeln nicht ausstehen konnte. Er wurde wütend und beschimpfte meine Schwiegermutter, die es sich sehr zu Herzen nahm.

Einige Stunden später hatte Dadas Enkelin plötzlich heftige Schmerzen in den Augen und begann zu schreien. Dada ging zu Sai Baba und bat ihn um Heilung. Sai Baba, dem nichts über den Streit erzählt worden war, sagte, er möge die Augen des Kindes mit Zwiebeln einreiben. Er fragte, woher er sie bekommen sollte. Sai Baba hatte immer welche, und Dada hoffte vielleicht, er würde ihm eine geben, die er berührt hatte. Aber stattdessen verwies er ihn an meine Schwiegermutter und sagte: ‚Erhalte sie von ihr.‘"[1]

Bekannt sind auch die vielen Geschichten von Verehrern, die kein Kind bekommen konnten und Sai Baba um Hilfe baten. Er gab den Frauen oft eine Kokosnuss oder eine andere Frucht. Bald darauf bekamen sie ein Kind – in der Regel einen Sohn. Oder seine Wunderkräfte wirkten bei einer schwierigen Geburt.

Wenn Verehrer Sai Baba um Heilung baten, war sie meist erfolgreich. Er personifizierte die Krankheit wie er es bei den Naturkräften tat. So drohte er ihr einmal: „Komm heraus, welche Kraft du auch immer hast, wir werden ja sehen! Ich werde dir zeigen, was ich mit meinem Schlagstock machen kann, wenn

---

[1] s. Osborne: Sai Baba, S. 44

du herauskommst und dich mir zeigst."[1] So forderte er die Krankheit heraus, es mit ihm aufzunehmen.

Wenn er heilte, sagte er: „Ich werde es tun." Öfter jedoch sagte er: „Allah achcha karega" (Gott wird es in Ordnung bringen) oder „Allah Malik hai" (Gott ist der Herrscher). Er wollte kein Lob dafür, sondern dass die Verehrer den Erfolg Gott zuschrieben. Die Quellen erzählen nur von einem Fall, als eine Heilung misslang, nämlich bei der Frau von Nigoj Patil. (s.o.)

Manchmal verweigerte er jedoch auch eine Heilung, da sie nur ein längeres Leiden für den Kranken bedeutet hätte. Oder er erklärte, dass er die betreffende Person nach ihrem Tod in einer neuen Geburt zurückbringen würde. Wenn er Nachkommenschaft verweigerte, erklärte er es damit, dass keine Nachkommenschaft für diese Person vorgesehen war. Manchmal aber sagte er nur: „Dieser Fakir will nicht" oder „Der Fakir erlaubt es nicht", wobei er mit dem Fakir Gott meinte, den er oft so nannte.

Als B. A. Patels alter Vater einen Schlaganfall hatte, ging er zu Sai Baba und bat um Udi für ihn, aber Sai Baba meinte nur: „Ich werde dir kein Udi geben. Allah Malik hai." Nach drei Tagen starb der Vater.

Dieser Patel war sehr stolz auf seine körperliche Stärke. Er massierte oft Sai Babas Beine und trug ihn zum Feuer, da er inzwischen alt war. Eines Tages, kurz nach dem Tod seines Vaters, wollte er das wiederum tun, konnte ihn aber nicht bewegen. Sai Baba lachte. Patel berichtet: „Er lehrte mich zwei Dinge: nicht stolz auf meine Kraft zu sein und nicht um meinen Vater zu trauern."[2]

Sai Baba stimmte mit der Hindu-Lehre über Karma und Wiedergeburt überein und war von der Unabänderlichkeit des

---

[1] Rigopolous: Life, S. 149
[2] Osborne: Sai Baba, S. 56

Karmas überzeugt. „Was du sähst, das erntest du. Was du gibst, das erhältst du."[1]

Er glaubte auch, dass er schon in früheren Geburten bei seinen Verehrern gewesen war. So sagte er zu einem von ihnen: „In wie vielen Geburten war ich schon bei dir! Wir werden uns immer wieder begegnen. Ich muss mich um meine Kinder bei Tag und Nacht kümmern und über jeden Cent Rechenschaft bei Gott ablegen."[2]

Einmal wurde der Sohn einer Frau von einer Kobra gebissen. Sie bat Sai Baba um Udi, aber er weigerte sich, und das Kind starb.

H.S. Dikshit flehte ihn an: „Baba, ihr Weinen ist herzerweichend. Bring um meinetwillen ihren Sohn wieder zum Leben."

Doch Sai Baba erwiderte: „Verwickle dich nicht darin. Was geschehen ist, ist zum Besten. Er ist in einen anderen Körper eingetreten, in dem er besonders gute Werke tun kann, die er im letzten nicht hätte tun können. Wenn ich ihn in diesen Körper zurückziehe, dann muss der neue, den er jetzt hat, sterben, damit dieser leben kann. Ich könnte es um deinetwillen tun, aber hast du auch die Konsequenzen bedacht? Hast du eine Vorstellung von der Verantwortlichkeit, und bist du darauf vorbereitet, sie zu übernehmen?"[3]

Wenn ein Körper stirbt, bedeutet das nach der hinduistischen Vorstellung die Geburt eines neuen, bis der Mensch volle Erleuchtung oder Selbstverwirklichung erlangt und alle Formen überschreitet, was die Befreiung, *Moksha* oder *Nirvana* ist.

S.B. Mahiles Tochter hatte eine Hasenscharte. Der Vater brachte sie zu Sai Baba, um geheilt zu werden. Sai Baba sagte: „Ich weiß, warum du gekommen bist, aber es ist nutzlos. Das Mädchen ist von göttlicher Natur, und ihr Leben auf Erden wird

---

[1] Rigopolous: Life, S. 345
[2] ders., S. 235
[3] Osborne: Sai Baba, S. 57

nur kurz währen. Am nächsten Nagha Shudda Chathuri-Tag wird sie sterben. Wenn du an diesem Tag ins Büro gehst und nicht zuhause bleibst, wirst du sie nicht wiedersehen."

So geschah es. Sie starb an diesem Tag, während ihr Vater, der die Warnung in den Wind schlug, im Büro war.[1]

Als einmal N.G. Chandorkar und seine Familie zu Sai Baba kamen, waren sie wegen dem Tod ihrer geliebten Tochter und deren Mann sehr niedergeschlagen. Sie saßen deprimiert und still vor Sai Baba. Sai Baba sagte: „Wenn ihr euch um ein Kind (oder den Schwiegersohn) sorgt und deshalb zu mir kommt, liegt das nicht in meiner Macht. Diese Dinge (die Geburt eines Kindes und der Tod eines Verwandten) hängen vom *Purva Karma* ab. Selbst *Parameshvara*, der große Gott, der diese Welt erschaffen hat, kann es nicht verändern. Glaubt ihr etwa, er könnte der Sonne oder dem Mond befehlen: ‚Geh zwei Meter entfernt von dem Ort, wo du gewöhnlich aufgehst, auf?' Er kann und wird es nicht tun. Es würde Chaos hervorbringen."[2]

Doch er sagte auch: „Wenn einer über mich meditiert, meinen Namen wiederholt, meine Taten besingt und dadurch in mich verwandelt wird, dessen Karma ist zerstört."[3]

Wenn Besucher überheblich waren oder kein volles Vertrauen in ihn hatten, konnte es geschehen, dass ihre Bitte nicht erfüllt wurde.

Etwa 1910 sagte Sai Baba plötzlich eines Morgens zornig: „Warum kommen diese Schurken mich besuchen? Ich bin nur ein nackter Fakir mit menschlichen Organen wie jeder andere auch."

Es war einer dieser Zornausbrüche, von denen zunächst keiner den Grund wusste. Etwas später trafen zwei Wagen vor der Moschee ein. Die Frau des Bezirkskommissars für Steuern, eine

[1] s. ders., S. 57 f.
[2] Rigopolous: Life, S. 345
[3] ders.

Engländerin, hatte lange auf ein Kind gehofft und dachte nun daran, den wunderwirkenden Fakir auszuprobieren, von dem alle Inder sprachen. Sie wurde von ihrem Mann und einem wichtigen Beamten begleitet. Sie sahen sich unbehaglich in der armseligen Umgebung um. Der Beamte sagte zu einem Verehrer, er möge Sai Baba ausrichten, er solle seine morgendlichen Verrichtungen schnell beenden, da Sahibs ihn zu sehen wünschten. Der Verehrer war fassungslos. Es war unerhört, in diesem Ton Sai Baba zu befehlen. Es dauerte eine halbe Stunde, bis Sai Baba bereit für sie war. Die Dame ging zu ihm, verneigte sich und sagte freundlich: „Wir wollen kurz mit dir sprechen, Maharaj." Doch Sai Baba spürte, dass ihm keine Hingabe entgegengebracht wurde. Also meinte er: „Ihr müsst eine halbe Stunde warten. Ich muss zum Betteln gehen." Die Herrschaften mussten sich erneut gedulden. Als er wiederkam, verneigte sich die Dame erneut und wiederholte ihre Bitte. „Warte noch eine Stunde", erwiderte er. Doch die Beamten hatten keine Zeit und wollten sich auch nicht auf diese Weise zum Narren halten lassen. Sie stiegen in ihre Wagen und fuhren davon. So blieb die Dame kinderlos.[1]

Bekannt ist auch die Geschichte vom Mehl. Eines Tages mahlte Sai Baba mit seiner Handmühle eine große Menge Mehl. Die Leute wunderten sich, was er mit dem vielen Mehl anfangen wollte. Vier Frauen griffen sich die Mühle, um die Arbeit zu übernehmen. Sai Baba protestierte, doch die Frauen gaben nicht nach. Als sie fertig waren, teilten sie das Mehl unter sich auf, und jede von ihnen wollte ihren Anteil mitnehmen. Da rief Sai Baba: „Seid ihr verrückt geworden! Wessen Eigentum erbeutet ihr? Das eures Vaters? Habe ich mir von euch Weizen geborgt? Was gibt euch das Recht, dieses Mehl mitzunehmen?" Dann fuhr er ruhiger fort: „Nehmt das Mehl und verstreut es um die Dorfgrenze." Die Frauen waren beschämt, flüsterten miteinander und machten sich dann in unterschiedliche Richtungen auf den Weg, um Sai Babas Befehl auszuführen. Auf

---

[1] s. Osborne: Sai Baba, S. 53 f.

Nachfragen stellte sich heraus, dass sich dem Dorf eine Cholera-Epidemie näherte und Sai Baba sie auf diese Weise bekämpfen wollte. Das Mahlen des Weizens war ein Symbol für das Zermahlen der Cholera. Das Zerstreuen des Mehls an der Dorfgrenze war wie ein magischer Kreis, der die Cholera am Eintritt hindern sollte.[1]

Sai Baba hatte vor seinem Tod gesagt, er würde auch von seinem Grab aus aktiv sein und seinen Verehrern Hilfe und Schutz gewähren. Es gibt viele Berichte, dass sie nach seinem Tod dieselbe Hilfe erfuhren wie zuvor.

Ein Bericht überlieferte Arthur Osborne, der eine Zeitlang in Kalkutta wohnte. Eine Nachbarnin war Miss Dutton, eine sehr fromme Dame in ihren Sechzigern oder Siebzigern. Fräulein Dutton war in jüngeren Jahren Nonne gewesen und hatte vom Papst die Befreiung von ihren Gelübden erhalten, weil sie erkannt hatte, dass sie ehrlicherweise die Strenge eines Konvents nicht akzeptieren konnte. Während der Zeit, als ihr Gesuch um die Befreiung von ihren Gelübden noch nicht erteilt worden war, war sie zu sehr mit ihren inneren Konflikten beschäftigt, um an ihre Zukunft zu denken. Erst kurz bevor sie den Konvent verließ, dämmerte ihr, wie hoffnungslos ihre Zukunft war. Sie war praktisch mittellos, schon älter, ohne Beruf und hatte nur einen Neffen, der weit weg in Kalkutta lebte. Die Situation war beängstigend.

Als sie eines Tages in düsterer Stimmung in ihrer Zelle saß, spürte sie plötzlich die Gegenwart eines Mannes. Er war groß, barfuß und sah wie ein Heiliger aus. Wir können uns Miss Duttons Überraschung vorstellen. Es gab keinen Weg, auf dem ein Mann in ihre Zelle gelangen konnte. Auf jeden Fall sah er nicht wie ein westlicher Heiliger aus. Er sah sie mitleidsvoll an und sagte: „Mach dir nicht so viele Sorgen. Alles wird in Ordnung kommen, wenn du nach Kalkutta gehst." Dann bat er sie um Geld als *Dakhina*. Miss Dutton sagte ihm, sie habe kein Geld.

---

[1] s. Rigopolous: Life, S. 159 f.

„Doch", sagte der Heilige. „Du hast 35 Rupien in einer Schachtel im Schrank dort!" Miss Dutton hatte diesen kleinen Schatz völlig vergessen und war verblüfft über das Wissen des Heiligen. Sie ging zum Schrank, nahm das Geld heraus, aber als sie sich umdrehte, war der Heilige nirgends mehr zu sehen. Er war so unerklärbar verschwunden wie er gekommen war.

Sie erzählte niemandem davon. Sie verließ den Konvent und wohnte bei ihrem Neffen, der sich liebevoll um sie kümmerte.

Als Miss Dutton Arthur Osborne von diesem heiligen Fakir erzählt hatte, meinte er: „Ich werde dir ein Bild von ihm zeigen." Er ging in seine Wohnung und holte das Bild von Sai Baba. Sie sah sich das Bild an und rief überrascht: „Ja, das ist er!" Der Punkt war, dass Miss Dutton nie zuvor von Sai Baba gehört hatte![1]

---

[1] s. Osborne, Sai Baba, S. 126-128

Sai Baba und die Bedeutung des Geldes

Es ist für einen *Sadhu* oder Fakir völlig unüblich, Geld von seinen Verehrern zu verlangen. Ramakrishna konnte kein Geld berühren, ohne dass er Schmerzen in den Händen bekam. Auch Ramana Maharshi kümmerte sich nicht um Geld. Bei Sai Baba schien es dagegen ganz anders zu sein.

Anfangs gaben Besucher ihm Kupfer- und Silbermünzen als *Dakshina*. Sie blieben vor ihm bis zum Abend liegen. Dann sammelte ein Verehrer sie ein und gebrauchte sie für alltägliche Dinge oder für Wohltätigkeit. Allmählich akzeptierte Sai Baba das Geld. Ab etwa 1908 bat er die Besucher offen darum und sagte: „Von wem auch immer ich Geld annehme, ich verwende es in seinem Sinn. Was sollte ich sonst mit dem Geld tun."[1] Tagsüber verteilte er es, und am Abend besaß er nichts mehr. Viele Besucher waren wohlhabend, und so kam an einem Tag ein stattlicher Betrag zusammen.

Als er einmal von Kaka Mahajani fünfzehn Rupien als *Dakshina* verlangte, sagte er: „Wenn ich eine Rupie von jemandem annehme, gebe ich ihm das Zehnfache zurück. Ich nehme nichts umsonst an. Ich bitte niemanden wahllos."

„Das Geben von *Dakshina* dient der Anhaftungslosigkeit und dadurch *Bhakti* und *Jnana*."[2]

Er betonte auch, dass nicht er selbst das Geld verlangte, sondern Masjidmayi, die Mutter der Moschee, bei der man seine Schulden begleichen musste. Er meinte: „Habe ich ein Zuhause, Besitz oder eine Familie, um die ich mich kümmern muss? Ich brauche nichts. Ich bin immer frei."[3]

Manchmal verlangte er von einem Verehrer mehr Geld, als dieser erübrigen konnte, und bat ihn, sich einen bestimmten

---

[1] Satpathy: Sai Baba, S. 244
[2] ders., S. 298 f.
[3] ders., S. 202

Betrag zu leihen, doch dahinter verbarg sich immer eine Bedeutung. So geschah es bei Dhumal. Er berichtet:

„Nachdem Baba einmal alles Geld, das ich hatte, genommen hatte, bat er mich um weitere fünfzig Rupien. Als ich ihm sagte, dass ich kein Geld mehr hatte, bat er mich, es mir bei jemandem zu leihen. Ich tat es, aber die Person weigerte sich. Ich erzählte es Baba, und er schickte mich zu Rao Bahadur Sathe, der sich sehr über meine Bitte freute. Ich wusste damals nicht, was es für ihn bedeutete, sondern erfuhr erst viel später, dass in dieser Zeit sein Rentenanspruch berechnet wurde und dass es Zweifel gab, ob er auf der Grundlage seines letzten Gehalts oder fünfzig Rupien höher ausfallen würde. Schließlich wurde ihm die höhere Summe bewilligt. Er hatte den Bescheid an diesem Tag erhalten, als Sai Baba ihn durch mich um fünfzig Rupien bat. Er deutete es als die Bitte um die ersten Einkünfte aus der neuen Pension. Deshalb freute er sich so."[1]

Die ersten Einnahmen einem religiösen Zweck zu spenden, war allgemeine Praxis in Indien. Als einmal zwei Brahmanen Sai Baba besuchten, sagte er zu Deshpande, er möge 15 Rupien von einem von ihnen verlangen. Der andere bot ungefragt 35 Rupien an, aber sie wurden zurückgewiesen. Als Deshpande ihn nach dem Grund fragte, erklärte er: „Ich tue nichts. Ich erhalte nichts. Gott fragt nach dem Seinen. Diese 15 Rupien waren fällig. Deshalb wurden sie eingesammelt. Aber die 35 Rupien gehören nicht uns. Deshalb wurden sie zurückgegeben." Er stellte sich heraus, dass der Besucher, der die 15 Rupien bezahlt hatte, ein gutes Gehalt von 700 Rupien bezog. Doch sein Anfangsgehalt hatte 15 Rupien betragen, und er hatte sein erstes Einkommen einem Tempel versprochen, das Versprechen aber nie eingelöst. Deshalb wurden sie nun von ihm verlangt.[2]

Ein parsischer Mühlenbetreiber namens Wadia, der in Nanded lebte, hatte alles, was er wollte, außer ein Kind. Ein Bekannter

---

[1] Osborne: Sai Baba, S. 93
[2] s. ders., S. 94

verwies ihn auf Sai Baba. Wadia ging nach Shirdi und verneigte sich vor Sai Baba. Dieser verlangte fünf Rupien von ihm als *Dakshina*. Als Wadia zahlen wollte, erklärte Sai Baba, er habe von ihm bereits drei Rupien und 14 *Annas* als *Dakshina* erhalten, und er solle ihm nur die Differenz zahlen. Doch dies war Wadias erster Besuch. Er tat, wie ihm geheißen.

Als er nach Nanded zurückgekehrt war, dachte er über die Angelegenheit nach. Er beriet sich mit seinem Bekannten, der ebenso ratlos war. Da erinnerte sich dieser, dass Nanded einmal einen muslimischen Heiligen in seinem Haus bewirtet hatte, und die Gesamtausgabe hatte genau drei Rupien und 14 *Annas* betragen. Sai Baba hatte sich mit diesem Heiligen identifiziert. Bald darauf bekam Wadia einen Sohn.

Einmal traf ein Verehrer auf dem Weg nach Shirdi einen anderen Verehrer. Er gab ihm eine Kokosnuss und zwei *Annas*, um Zucker für Sai Baba zu kaufen. Dieser ging zu Sai Baba. Als er sich von ihm verabschiedete, gab er ihm die Kokosnuss, vergaß aber die zwei *Annas*. Sai Baba meinte: „Ja, du kannst gehen, aber warum behältst du die armseligen zwei *Annas* des Brahmanen?" Der Verehrer erinnerte sich und gab sie ihm. Da sagte Sai Baba lachend: „Du kannst jetzt gehen. Was immer du unternimmst, tu es gründlich oder überhaupt nicht."[1]

Manchmal nahm Sai Baba alles Geld, das ein wohlhabender Verehrer dabeihatte, und verteilte es dann vor seinen Augen. Das war eine Lektion in Demut.

So geschah es einmal H.S. Dikshit. Dieser hatte Sai Baba eine Menge silberne Rupien gegeben, die er durch harte Arbeit verdient hatte. Nachdem Sai Baba die Gabe angenommen hatte, verteilte er sie händevoll unter den Anwesenden in der Moschee. Nach wenigen Minuten war keine Rupie mehr übrig. Obwohl Dikshit das alles beobachtete, blieb er ruhig.[2]

---

[1] s. ders., S. 95
[2] s. Rigopolous: Life, S. 342

Die Besucher versuchten manchmal, das zu umgehen. So kam ein Besucher mit zwanzig Rupien, von denen er achtzehn seinem Freund zur Aufbewahrung gab. Er wollte Sai Baba zwei Rupien geben und sagen, dass er nicht mehr dabeihabe. Sai Baba bat tatsächlich zunächst um zwei Rupien, dann aber um achtzehn, deutete auf seinen Freund und sagte: „Du kannst sie dir von ihm nehmen."[1]

Wichtig war, dass die Gabe aus vollem Herzen erfolgte, gleichgültig ob arm oder reich.

Als einmal eine arme alte Frau zu ihm kam, fragte er sie, was sie ihm zu essen mitgebracht habe. Beschämt sagte sie, dass es nur ein halbes *Roti* und eine Zwiebel sei, da sie das andere halbe *Roti* und eine Zwiebel unterwegs gegessen habe, und bot es ihm an. Sai Baba freute sich über das harte Brot und die Zwiebel und war offensichtlich sehr zufrieden. Als einmal eine Dame aus einer königlichen Familie ihm je ein Tablett voller Gold- und Silbermünzen anbot, nahm er es nicht an.

Wenn der Verehrer nicht rein war, wies er das Geld ebenfalls zurück.

Ein Mann, der mit seiner Geliebten lebte, wollte Sai Baba 500 Rupien geben. Dieser meinte ärgerlich: „Ich will dein Geld nicht. Du hältst jemand in deinem Haus. Gib es ihr."[2]

Oft verlangte er eine symbolische Summe. Eine Rupie stand für den *Jiva* oder *Brahman*, zwei für die Kultivierung von Glauben und Geduld, fünf für die Kultivierung der fünf Sinne, neun für die neun Merkmale eines guten Schülers etc. Dieselbe Bedeutung hatte es auch, wenn er jemandem eine bestimmte Summe gab.

Sai Baba bat R.B. Purandhara: „Gib mir zwei Rupien als *Dakshina*."

---

[1] Osborne: Sai Baba, S. 94
[2] Rigopolous: Life, S. 148 f.

R.B.P.: „Baba, warum bittest du mich ständig um zwei Rupien, wenn du doch weißt, dass ich ein armer Angestellter bin?"

Sai Baba: „Ich will nicht die Münzen. Ich will Glaube (*Nishtha*) und Geduld (*Subari*). Gib mir diese."[1]

Einmal sagte Sai Baba zu Frau Tarkhad: „Gib mir sechs Rupien als *Dakshina*."

Frau Tarkhad zu ihrem Mann: „Wir haben kein Geld, Es ist so schmerzlich, darum gebeten zu werden, wenn man keines hat."

Herr Tarkhad: „Baba will nur, dass du ihm deine sechs inneren Feinde (Lust, Ärger etc.) gibst."

Sai Baba erneut zu Frau Tarkad: „Gibst du mir die sechs Rupien?"

Frau Tarkhad: „Baba, ich habe sie dir bereits gegeben."

Sai Baba: „Sieh zu, dass du nicht davon ablässt."[2]

Sai Babas Unterweisung war oft praktischer Natur und konnte auch durch Geld illustriert werden.

Einmal kam ein Besucher, der Sai Baba bat, ihm zu ermöglichen, Gott zu erkennen. Da schickte Sai Baba Nachricht an einem örtlichen Geldverleiher und bat um hundert Rupien. Dieser schickte seine respektvollen Grüße zurück, aber kein Geld. Er schickte weitere Nachrichten an verschiedene Geldverleiher, doch mit demselben Ergebnis. Schließlich wandte er sich an einen wohlhabenden Verehrer und bat ihn um hundert Rupien. Da dieser kein Geld bei sich hatte, schrieb er einen Schuldschein und erhielt sofort den Betrag von einem der Geldverleiher.

Der Besucher war darüber verwirrt, dass Sai Baba so sehr mit Geld beschäftigt war und anscheinend seine Bitte völlig vergessen hatte. Jemand erklärte ihm die Bedeutung. Wenn ein

---

[1] ders., S. 148
[2] ders., S. 280

armer Mann um Geld bittet, bekommt er nichts, aber sobald ein Wohlhabender darum bittet, erhält er es. Nicht jeder kann um göttliche Erkenntnis bitten. Er muss zuvor spirituellen „Wohlstand" erlangt haben.[1]

Normalerweise betrachteten Verehrer es als eine Gnade, wenn Sai Baba sie um Geld bat, und natürlich auch, wenn sie es von ihm erhielten.

Sai Baba verfolgte bezüglich des Geldes einen seltsamen Ritus, den nur er verstand. Er stand vor seinem *Dhuni* und rieb Münzen aneinander. Das Ganu, einer seiner Verehrer, beschrieb dies folgendermaßen: „Sai Baba vollzog manchmal zwischen ein und zwei Uhr nachmittags seltsame Riten in der Moschee, wenn er allein war und der Vorhang herabgelassen war. Er nahm aus dem Geldbeutel zehn oder fünfzehn Münzen im Wert von einer Viertel *Anna* bis zu einer Rupie und rieb sie beständig, aber sanft zwischen den Fingerspitzen. Ich weiß nicht, ob er währenddessen ein Mantra sagte. Die Oberflächen der Münzen wurden dadurch abgerieben. Manchmal sagte er, während er sie rieb: ‚Dies gehört Nana, dies Bapu, dies Kaka' usf. Aber wenn jemand sich ihm näherte, sammelte er sie ein, tat sie zurück in den Geldbeutel und verbarg sie." Anscheinend symbolisierten die Münzen die Verehrer, mit denen er spirituell arbeitete und denen er seine Gnade übermittelte, die er erhob und unterstützte.[2]

---

[1] s. Osborne: Sai Baba, S. 98 f.
[2] s. ders., S. 28 f.

Sai Baba als Lehrer (Guru)

Sai Baba besaß eine besondere Art, seine Schüler zu lehren. Er
hielt keine Versammlungen ab, predigte nicht im klassischen
Stil und bestieg auch kein Podium. Er sprach spontan in der
Landessprache von Maharashtra und manchmal sehr bäuerlich.
Seine Worte blieben im Gedächtnis der Leute, da sie von einem
Guru kamen, den sie sehr verehrten. Oft folgten lange Diskus-
sionen unter den Verehrern über das, was er gesagt hatte. Seine
Worte wurden gewöhnlich als endgültiges Urteil betrachtet und
ohne Kritik befolgt.

Wie Ramana Maharshi war Sai Babas Ausstrahlung sehr
machtvoll. Allein in seiner Gegenwart zu sein, bewirkte bereits
eine Veränderung in den Verehrern.

Er lehrte universale Bruderschaft, Menschlichkeit, ein einfaches Leben und das völlige Vertrauen (*Shraddha* oder *Nishta*)

auf den Guru oder Gott sowie Geduld und Beharrlichkeit (*Subari*). Er machte seinen Verehrern klar, dass alles seine Zeit brauchte. So antwortete er einmal einem Verehrer, der die Befreiung (*Moksha*) wollte: „Wie kannst du einen ganzen Laib Brot auf einmal verschlingen? Warte fünf Jahre, und du wirst sehen."[1]

Im Hinduismus wird der Guru oft mit Gott gleichgesetzt. Wer den Guru sieht, sieht Gott, wer ihm folgt, folgt Gott. So war es auch bei Sai Baba.

Es kamen v.a. Hindus und Muslime zu ihm, die er gegenseitige Achtung und Freundschaft lehrte. Aber es kamen auch Parsen und Christen. Wiederholt wird berichtet, dass sie von ihm einen Traum hatten, der sie zu ihm führte. Er sagte: „Ich ziehe meine Leute aus großer Entfernung auf meine Weise an. Ich suche sie und bringe sie zu mir. Sie können nicht aus eigenem Antrieb kommen. Auch wenn sie tausende von Meilen weg sind, ziehe ich sie zu mir wie einen Vogel, um dessen Fuß ein Faden gebunden ist."[2]

Ein Großteil von ihnen kam jedoch nur wegen der Wunder, die von ihm bekannt geworden waren. Sie hofften auf weltliche Vorteile. Einige wandten sich dann der Spiritualität zu.

„Meine Leute kommen zunächst wegen zeitlicher Vorteile zu mir, aber wenn sie sie empfangen haben, beginnen sie mir zu folgen."[3]

Als ein Verehrer einmal die bunte Menge sah, die sich bei ihm versammelt hatte, fragte er Sai Baba, ob alle von ihnen einen Vorteil haben würden. Da zeigte er auf einen blühenden Mangobaum und meinte: „Was für eine hervorragende Ernte gäbe

---

[1] Rigopolous: Life, S. 288 f.
[2] Osborne: Sai Baba, S. 39
[3] ders., S. 39 f.

es, wenn alle Blüten zu Früchten würden, aber geschieht das? Die meisten fallen ab. Nur wenige bleiben."[1]

Einer von diesen reifen Früchten war R.B. Purandhare. Er berichtete über seinen ersten Besuch: „Ich hörte 1909 zum ersten Mal von Sai Baba und besuchte ihn. Ich hatte keinen weltlichen Grund, obwohl ich arm war und eine Waise. Ich wollte immer mit *Sadhus* Gemeinschaft haben und fühlte mich zu ihm hingezogen, weil ich gehört hatte, dass er ein Heiliger war. Er erschien mir im Traum und rief mich nach Shirdi. Zu dieser Zeit war meine etwa sechs Monate alte Tochter sehr krank. Deshalb wollte meine Mutter nicht, dass ich ging. Doch ich blieb beharrlich und nahm meine Mutter, meine Frau und das Kind mit. Ich blieb dreizehn Tage dort. Am dritten Tag wurde das Kind wieder gesund. Baba erlaubte mir nicht, vor dem dreizehnten Tag zurückzukehren. Ich bat ihn um nichts, aber er erzählte meiner Mutter, dass er seit sieben Jahrhunderten mit mir in Verbindung stand und mich nie vergaß, wie weit weg ich auch war, und keinen Bissen ohne mich aß.

Mit Babas Erlaubnis ging ich nach Nasik und kehrte von dort nach Dadar zurück, wo wir zuhause sind. Als wir dort ankamen, bekam meine Frau die Cholera, und der Arzt gab sie als hoffnungslos auf. Da sah ich Sai Baba neben dem kleinen Tempel gegenüber unserem Haus stehen. Er sagte zu mir, ich solle ihr das Udi geben, das ich aus Shridi mitgebracht hatte. Ich tat es, und innerhalb einer halben Stunde erholte sie sich soweit, dass der Arzt hoffnungsvoll war. Bald ging es ihr wieder gut."[2]

Doch nicht alle Besucher wurden von Sai Baba willkommen geheißen, wie bereits geschildert wurde. Diese Erfahrung machte ein Onkel von Deshpande, der nicht an Sai Baba glaubte. Er ging öfter zu ihm, aber Sai Baba warf Steine nach ihm und ließ ihn nicht in die Moschee.

---

[1] ders., S. 40
[2] ders., S. 40 f.

Oft hieß er einen Besucher auf eine für ihn hilfreiche Art willkommen.

Einmal wurde ein brahmanischer Arzt nach Shirdi gebracht. Er sagte zu seinen Gefährten, dass er sich nicht vor Sai Baba verneigen würde, da er Rama verehrte. Also blieb er vor der Moschee stehen und beobachtete die Geschehnisse von außen. Plötzlich eilte er hinein und fiel Sai Baba zu Füßen. Als man ihn später fragte, was seine Meinung geändert habe, sagte er, er habe Sai Baba in Gestalt von Rama dort stehen sehen.

Ein andermal geschah etwas ähnliches. Ein Brahmane, der viel Wert auf seine Kaste legte, wollte Sai Baba besuchen. Bevor er kam, verlangte Sai Baba plötzlich Ockerfarbe, um sein Gewand zu färben. Er trug immer weiß, aber das Gewand eines hinduistischen *Sadhus* war für gewöhnlich ockerfarben. Der Brahmane traf ein und blieb in einiger Entfernung von der Moschee stehen, da er sich nicht verunreinigen wollte. Plötzlich eilte er hinein und fiel Sai Baba zu Füßen. Er hatte nicht Sai Baba gesehen, sondern seinen eigenen Guru im ockerfarbenen Gewand.[1]

Wenn jemand eine religiöse Fragte hatte, schickte Sai Baba ihn manchmal zu jemand anderem, der ihm dann indirekt die Antwort gab. So geschah es einmal bei Madhava Bua. Er wollte, dass Sai Baba ihm das Wesen einer Person, die über der Kaste steht, erklärt. Sai Baba bat ihn, mit Dikshit in einer heiligen Schrift zu lesen. Als er zu Dikshit kam, las dieser gerade eine Erklärung zu der Frage, die ihn beschäftigte.[2]

Wie bereits deutlich wurde, wusste Sai Baba offensichtlich, was in seinen Verehrern vor sich ging.

Cholkar war ein armer Mann und betete zu Sai Baba um Erfolg in einer Prüfung und einen dauerhaften Job. Wenn sein Wunsch

---

[1] s. ders., S. 41 f.
[2] s. ders., S. 82 f.

in Erfüllung ging, so gelobte er, würde er Sai Baba in Shirdi besuchen und ihm Süßigkeiten mitbringen.

Mit dem Segen von Sai Baba bestand er nicht nur die Prüfung, sondern erhielt auch eine Anstellung. Da er nicht genug Geld für die Reise nach Shirdi besaß, sparte er, indem er seinen Tee fortan ohne Zucker trank. Als er genug Geld beisammenhatte, reiste er nach Shirdi und brachte Sai Baba die versprochenen Süßigkeiten mit. Als er Dwarkamayi wieder verlassen wollte, bat Sai Baba seinen Gefährten, ihm eine Tasse Tee mit viel Zucker zu geben. Der Gefährte konnte sich keinen Reim aus der Äußerung machen, wohl aber Chulkar.

Sai Baba kannte die Gedanken seiner Schüler. Er reagierte oft auf sie und erteilte ihnen eine Lektion. So geschah es einmal mit einem Verehrer, der in der Moschee saß, als jemand rosa Bananen, eine Sorte mit einem besonderen Geschmack, die nur in bestimmten Höhen wuchsen, brachte. Als er sah, wie Sai Baba sie schälte und weggab, befürchtete er, dass er zu spät an der Reihe war und nichts mehr davon abbekommen würde. Sai Baba schälte eine weitere Banane, gab sie jemand anderem, warf die Schale ihm zu und bat ihn, sie zu essen. Er akzeptierte es als Bestrafung für seine Gedanken. Sai Baba war zufrieden und teilte die nächste Banane mit ihm.[1]

Wenn er einmal einen Verehrer angenommen hatte, galt das für immer. „Wenn einer der meinen stirbt, und sei es tausend Meilen entfernt, ziehe ich ihn zu mir, wie man einen Spatz mit einem Faden am Fuß zu sich zieht. Ich lasse nicht zu, dass mein Mann von mir fortgeht."[2]

Sai Baba kümmerte sich vom frühen Morgen bis spät in die Nacht um die vielen Verehrer und Besucher. Darunter waren hohe Beamte, Widerstandskämpfer, politische Führer, Anwälte, Kaufleute und spirituell Suchende, aber auch einfaches

---

[1] s. ders., S. 59
[2] ders., S. 43

Volk. Die meisten kamen aus Maharashtra, aber auch aus anderen Teilen Indiens. Sie holten sich bei ihm Rat bei weltlichen Problemen, auch in Geschäftsangelegenheiten, beim Kauf eines Grundstücks usf., und ihre Bitten rankten sich um Familie, Nachkommenschaft, Gesundheit und Beruf. Wenn seine Verehrer seinen Rat nicht befolgten, führte das oft zu Nachteilen.

Gleichnisse, Anekdoten und Rätsel

Sai Babas Äußerungen über spirituelle, religiöse und ethische Themen waren spontan und entsprachen dem Bedürfnis des jeweiligen Fragers. Manchmal benutzte er Gleichnisse, Anekdoten und Witze oder Ermahnungen, ohne sich direkt an einen aus der versammelten Gruppe zu wenden. Er verbrachte den ganzen Tag mit seinen Verehrern, aß, sprach, lachte und sang mit ihnen und spielte ihnen sogar Streiche. Er empfing Gäste, segnete sie und heilte die Kranken. Dabei saß er auf der Plattform in der Moschee und hatte seinen Arm auf dem hölzernen Geländer liegen, wobei er mit dem Rücken an der Nordwand lehnte und nach Süden blickte. Er verhielt sich eher wie ein Vater als wie ein klassischer Yogi oder Fakir.

Doch manchmal hatte er auch scheinbar schlechte Laune und war über irgendetwas verärgert, dessen Grund nicht ersichtlich war, oder beschimpfte die Leute.

Oft sagte er Dinge, die kryptisch oder surreal klangen oder denen jeder Kontext fehlte. Solche Bemerkungen waren meist für einen bestimmten Verehrer gedacht, der in der Menge saß, und so konnten die anderen keinen Sinn daraus ableiten außer dem Betreffenden. Manchmal sagte er auch Dinge, deren Sinn keiner verstand, deren Bedeutung aber später klar wurden.

Er verwandte gern Allegorien und Gleichnisse, so z.B. folgendes: „Ein Mann hatte ein sehr schönes Pferd. Trotz all seiner Bemühungen ließ es sich jedoch nicht anspannen. Ein Gelehrter schlug vor, dass es zu dem Ort zurückgebracht werden sollte, woher es kam. Das geschah. Da wurde es kontrollierbar und nützlich."[1]

Eine mögliche Interpretation könnte sein: Das Pferd ist der unkontrollierbare Geist, den der Mann nicht mehr unter Kontrolle hat. Der Gelehrte ist der Guru, der ihm rät, den Geist zu seinem Ursprung, *Brahman* oder dem Selbst zurückzubringen. Sobald er das getan hat, wird der Geist still, kontrollierbar und nützlich.

Ein weiteres Beispiel:

---

[1] Rigopolous: Life, S. 358 f.

„Einige Räuber kamen und nahmen mein Geld mit. Ich sagte nichts, sondern folgte ihnen heimlich, tötete sie und erhielt so mein Geld zurück."

Nach Arthur Osbornes Interpretation steht das Geld für den ursprünglichen Zustand des Menschen wie Adam vor dem Sündenfall. Die Räuber sind die Wünsche. Wenn man sie tötet, erlangt man den ursprünglichen Zustand wieder.[1]

Beide Beispiele haben eine *advaitische* Bedeutung und erinnern an die Lehre Ramana Maharshis.

Einmal verwendete er ein Gleichnis über den neunfachen Weg der Hingabe (*Nanavidhya Bhakti*[2]).

Anant Rao Patankar sagte: „Baba, ich habe viele heilige Schriften gelesen, aber ich habe keinen Geistesfrieden. Bitte schenke mir deine Gnade."

Sai Baba: „Einmal kam ein Händler hierher. In seiner Gegenwart schied ein Vierbeiner neun Kotballen aus. Der Händler, der bestrebt war, sein Ziel zu erreichen, breitete ein Tuch unter seinem Schwanz aus, sammelte die neun Kotballen ein und nahm sie mit. Er erlangte Konzentration und Geistesfrieden."

Anant Rao konnte dem Gleichnis keinen Sinn abgewinnen und fragte Dada Kelkar: „Was meint Baba damit?"

Dada Kelkar: „Gottes Gnade ist der Vierbeiner. Die neun Kotballen sind die neun Formen von *Bhakti*. Du bist der Händler. Wenn du *Nanavidhya Bhakti* folgst, wirst du Frieden erlangen."

Anant Rao ging erneut zu Sai Baba.

Sai Baba: „Hast du die neun Ballen gesammelt?"

---

[1] s. Osborne: Sai Baba, S. 81
[2] Nach dem *Bhagavata Purana* sind die neun Arten der Hingabe: Hören von heiligen Gesprächen, fromme Lieder singen, göttliche Namen wiederholen, der Dienst zu Füßen Gottes, rituelle Verehrung, Verneigungen, sich als Sklave der Gottheit betrachten, Freundschaft und Selbsthingabe. (s. Rigopolous: Life, S. 206)

Anant Rao: „Dazu brauche ich deine Gnade."

Sai Baba: „Gott wird dich segnen."[1]

Manchmal gab er kryptische Antworten. Jemand wollte einmal ein Foto von ihm machen. Da erwiderte er: „Nein, er kann kein Foto machen. Es ist genug, wenn er die Mauer niederreißt." Die Mauer ist die Vorstellung, der Körper zu sein, der zwischen dem Menschen und seiner Identität mit dem Geist steht. Es genügt, sie zu vernichten, und das wahre Abbild von Sai Baba erscheint, so eine Interpretation von Arthur Osborne.[2]

Es gibt weitere paradoxe Aussagen von Sai Baba, deren Sinn nicht auszumachen ist, wie:

„Ich saß bei einem Pfosten. Eine große Schlange erwachte und war sehr wütend. Sie sprang auf und fiel auch von oben herab."[3]

„Ich veränderte einmal den unteren Teil meines Körpers zu dem eines Papageien, und nach einem Jahr Erfahrung damit entdeckte ich, dass es ein wirklicher Verlust war. Ich verlor tausende Rupien."[4]

Offensichtlich liebte Sai Baba es, die Verehrer mit Rätseln zu beschäftigen. Er tat das nicht nur sprachlich, sondern auch durch Gesten, die für andere keinen Sinn ergaben.

G.S. Khaparde erzählte: „Zur mittäglichen *Arati* kam Sai Baba zu mir und berührte meinen linken Arm. Er hielt seine Hand in Höhe der Taille, wie man es tut, wenn man auf einen jungen Mann zeigt. Mit der anderen Hand machte er ein Zeichen, wie man es tut, wenn ein Mensch gestorben ist. Er machte auch ein

---

[1] Rigopolous: Life, S. 206
[2] s. Osborne: Sai Baba, S. 82
[3] Rigopolous: Life, S. 360
[4] ders., S. 360

Zeichen mit den Augen. Ich verstand das Ganze nicht und rätselte den ganzen Tag darüber."[1]

Manchmal verspritzte er Wasser in verschiedene Richtungen, machte einige Schritte in die vier Himmelsrichtungen und murmelte heilige Worte vor sich hin. Manche interpretierten es damit, dass er auf diese Weise die bösen Kräfte abwehrte. Von dem Mehl, das er am Ortsrand verstreuen ließ, um die Cholera abzuwehren, wurde bereits berichtet.

Es ist von den Sufis bekannt, dass sie gerne kryptisch, symbolisch und paradox sprechen und handeln, und es kann auch an die Koan-Praxis im Zen erinnert werden.

Leben in der Welt

Obwohl sich Sai Baba selbst nie in irgendwelche Geschäfte verstrickte, war doch sein Interesse daran und dass er diesbezüglich Rat gab ungewöhnlich und entsprach nicht dem traditionellen Handeln des weltabgewandten *Sadhus* oder Fakirs. Damit zog er seine Verehrer an, um sie dann spirituelle Dinge zu lehren.

In Shridi wurde mit großem Gewinn Zuckerrohr angebaut. Ein Verehrer fragte Sai Baba, ob er auch Zuckerrohr anbauen sollte. Sai Baba riet ihm davon ab. Er tat es trotzdem, hatte jedoch damit keinen Erfolg.

Damodar S. Rasane hatte ein Angebot, um bei einem Zwischenhändler in Bombay mit Baumwolle zu spekulieren. Der Zwischenhändler versprach ihm einen großen Gewinn. Rasane bat Sai Baba in einem Brief um Erlaubnis. Als Shama den Brief zu Sai Baba brachte, meinte dieser: „Damia will den Himmel erreichen. Er ist nicht damit zufrieden, was Gott ihm gegeben hat. Damias Geist ist verwirrt. Schreib ihm, dass seine jetzige Situation nicht unvorteilhaft ist."

---

[1] ders.

Damia war mit der Antwort nicht einverstanden, kam persönlich zu Sai Baba und bot ihm einen Teil des Gewinns an. Doch dieser wollte davon nichts wissen. Also wurde das Vorhaben fallen gelassen.

Ein andermal wollte derselbe Damia in Getreide investieren, eine große Menge kaufen und es nach einigen Monaten oder Jahren wieder verkaufen. Erneut fragte er Sai Baba um Rat. Dieser meinte, er solle es nicht tun, denn der Preis würde sinken. Tatsächlich gab es wider Erwarten ausreichend Regen, und der Preis fiel.[1]

Sai Baba gab folgenden praktischen Rat für das tägliche Leben:

„Ich werde dir sagen, wie du dich in *Samsara* verhalten sollst. Der Weise sollte heiter und zufrieden mit seinem Los im Leben sein, das das Ergebnis von *Deha Prarabdha* (des gegenwärtigen Karmas) ist. Tritt nicht gegen Ziegelsteine. Wenn du wohlhabend bist, sei demütig. Pflanzen neigen sich, wenn sie Früchte tragen. Aber du solltest nicht allen gegenüber demütig sein. Strenge ist nötig, wenn du mit Verrückten zu tun hast. Aber sei den Heiligen gegenüber demütig. Respektiere sie.

Gib Geld für wohltätige und fromme Zwecke, aber sei nicht verschwenderisch. Die Welt vergeht ohne Zweifel, aber solange sie existiert, ist Wohlstand eine so große Notwendigkeit wie Galle für die Gesundheit. Sei nicht von der Bedeutung des Wohlstands besessen. Sei nicht darin verstrickt oder geizig. Sei liberal und wählerisch, aber nicht verschwenderisch oder überspannt.

Mache heiter mit deinen weltlichen Routinen weiter, aber vergiss Gott nicht. Denk an Gott. Denke: ‚Dieses *Samsara* ist nicht das meine, sondern Gottes.‘ Denk so die ganze Zeit, die du wach bist. Nimm Rücksicht auf die Armen und Unglücklichen. Frage dich immer: ‚Wer bin ich?‘“[2]

---

[1] s. Rigopolous: Life, S. 338 f.
[2] ders., S. 328

Sai Baba, wollte, dass man seinen Mitmenschen half. Einmal riet er seiner Verehrerin Bhimabai, sich um eine Leprakranke zu kümmern. Da entgegnete sie: „Aber sie ist leprakrank."

Sai Baba: „Das macht nichts. Sie ist meine eigene Schwester. Nimm sie mit nach Hause."

Sie tat es und pflegte die kranke Frau einen Monat lang, bis sie starb.[1]

Sai Baba mochte nicht, wenn einer über den anderen schlecht redete. Als einmal jemand über seinen Bruder herzog, deutete Sai Baba auf ein Schwein, das Dreck fraß, und meinte: „Sieh, wie es mit Genuss den Dreck hinunterschlingt. Dein Verhalten ist ähnlich. Du beschimpfst deinen eigenen Bruder. Nachdem du viel Verdienstvolles getan hast, wurdest du als Mensch geboren. Wenn du dich jetzt so verhältst, wie kann Shirdi dir dann helfen?"[2]

„Wer über andere meckert und nörgelt, trifft mich ins Herz und verletzt mich. Aber wer leidet und erduldet, erfreut mich am meisten."[3]

„Wenn jemand auf einen anderen zornig ist, verwundet er mich. Wenn jemand einen anderen beschimpft, spüre ich den Schmerz. Wenn jemand tapfer die Beschimpfung erträgt, freue ich mich sehr."[4]

„Wenn du Rivalität und Zank vermeidest, wird Gott dich beschützen. Beantworte Böses nicht mit Bösem. Beantworte es mit Gutem. Die Worte anderer können dich nicht verletzen."[5]

„Lass jeden hundert Einwände gegen dich vorbringen. Nimm es nicht übel, indem du bittere Antworten gibst. Wenn du solche Dinge tolerierst, wirst du sicherlich glücklich sein. Auch

---

[1] s. ders., S. 342
[2] Satpathy: Sai Baba, S. 304
[3] Rigopolous: Life, S. 344
[4] ders., S. 344
[5] ders.

wenn die Welt auf dem Kopf steht, bleibe, wo du bist. Stehe an deinem Platz und betrachte ruhig die Dinge, die sich vor dir abspielen."[1]

Einmal verneigte sich eine verschleierte Muslimin vor Sai Baba. Nanasaheb Chandorkar, der in der Nähe saß, sah ihr Gesicht und war von ihrer Schönheit überwältigt. Da schlug ihn Sai Baba auf den Oberschenkel. Als die Frau gegangen war, sagte er: „Nana, weißt du, warum ich dich geschlagen habe?"

Nana: „Wie kann ich etwas vor der Allwissenheit meines Gurus verbergen? Aber ich verstehe nicht, wie solch niedere Gedanken meinen Geist beeinflussen können, wenn ich in deiner unmittelbaren Gegenwart bin."

Sai Baba: „Du bist trotz allem ein Mann, nicht wahr? Der Körper ist voller Wünsche, die auftauchen, sobald sich ein Sinnesobjekt zeigt. Aber sind Tempel mit schön bemaltem Äußeren so selten in der Welt? Gehen wir dorthin, um ihr Äußeres zu bewundern oder Gott in ihnen zu sehen? Wenn du die Gottheit im Schrein siehst, kümmerst du dich dann um die äußere Schönheit des Gebäudes oder um die der Statue von *Paramatman* im Innern? Wohnt Gott nur in Tempeln? Ist er nicht in jedem Gegenstand in der Welt zu finden wie in den Tempeln? Wir sollten uns nicht um die Schönheit oder Hässlichkeit des Äußeren kümmern, sondern nur auf die Gestalt, die Gott angenommen hat, um sich zu enthüllen.

Natürlich ist nichts Falsches daran, wenn man sich das Äußere anschaut, aber wenn man es betrachtet, muss man daran denken, wie klug und mächtig Gott ist, der solch eine schöne Wohnstatt hervorgebracht hat, wie Er darin wohnt und wie schön geschmückt Er ist. Nana, wenn du deine Gedanken in diese Richtung gelenkt hättest, hättest du keinen Wunsch mehr

---

[1] Satpathy: Sai Baba, S. 303

gehabt, noch einen weiteren Blick auf das Gesicht der muslimischen Schönheit zu erhaschen. Denk immer daran."[1]

„Unterhalte nicht das Empfinden, der Handelnde zu sein, weder bei guten noch schlechten Taten. Sei in allen Dingen völlig ohne Stolz und Ego. So wirst du schnell spirituelle Fortschritte machen."[2]

„Wohlstand und Besitz sind vergänglich, und der Körper ist dem Verfall und Tod unterworfen. Während du das weißt, tu deine Pflicht und lass alle Anhaftung an die Dinge dieser Welt und der nächsten beiseite. Wer das tut und sich den Füßen *Haris* (des Herrn) hingibt, wird von allen Schwierigkeiten befreit und erlangt Seligkeit. Der Herr hilft demjenigen, der sich Seiner erinnert und über Ihn mit Liebe und Zuneigung meditiert."[3]

Guru und Schüler

Einerseits agierte Sai Baba als Guru, der sich um seiner Verehrer willen auch wie eine Gottheit verehren ließ, doch in seinem Verständnis war er in allem, was er tat, nur ein Diener Gottes.

Als es einmal ins Chavadi hineinregnete, baten seine Verehrer ihn, er möge sich dort hinaufsetzen, wo die Statue von Maruti (Hanuman) aufgestellt war, doch er meinte: „Wie kann ich mich auf dieselbe Ebene wie Gott setzen?"

„Gott gebührt das Lob. Ich bin nur ein Diener Gottes." „Ohne Gottes Erlaubnis kann ich nichts tun."[4]

„Obwohl ich nichts tue, halten sie mich für die Handlungen, die aufgrund des *Prarabdha* (Karmas) erfolgen, verantwortlich. Ich bin nur der Zeuge. Der Herr ist der einzig Handelnde und Inspirator. Er ist sehr gnädig. Ich bin weder Gott noch ein

---

[1] Rigopolous: Life, S. 343 f.
[2] Satpathy: Sai Baba, S. 308
[3] ders., S. 305
[4] Rigopolous: Life, S. 329

Meister. Ich bin Sein gehorsamer Diener und denke beständig an Ihn."[1]

„Allah Malik (Gott, der Herrscher) ist der einzige Beschützer. Kein anderer ist unser Beschützer. Seine Art des Wirkens ist außergewöhnlich, unbezahlbar und unergründlich. Sein Wille geschieht. Er wird uns den Weg zeigen und die Wünsche unseres Herzens erfüllen."[2]

„Gott ist groß. Er ist der höchste Meister. Allah Malik. Wie groß ist Gott! Keiner ist mit Ihm vergleichbar. Er erschafft, erhält und vernichtet. Sein Spiel (*Lila*) ist unbegreiflich. Wir wollen zufrieden sein und so bleiben, wie Er uns erschaffen hat, und unseren Willen dem Seinen unterwerfen. Nimm was kommt. Sei zufrieden und fröhlich. Sorge dich nie. Kein Blatt bewegt sich, wenn Er es nicht will."[3]

Sai Baba weihte seine Schüler nicht ein, indem er ihnen ein Mantra gab, wie es bei anderen Gurus üblich war und ist. Er gab keine traditionelle Einweihung.

Als eine alte Frau namens Radhabai Deshmukh ein Mantra von ihm erhalten wollte, bezog er sich auf seine eigene Geschichte und erklärte, sein Guru habe ihn immer beschützt und sich um ihn gekümmert, aber ihn nie ein Mantra gelehrt. Deshalb könne er ihr auch kein Mantra geben.

„Versuche nicht, ein Mantra oder eine Belehrung von irgendjemandem zu bekommen. Mache mich zum einzigen Objekt deiner Gedanken und Handlungen, und du wirst zweifelsohne das spirituelle Ziel im Leben erreichen. Betrachte mich aus ganzem Herzen, und ich werde dich betrachten."[4]

Sai Baba empfahl, sich dem Guru völlig hinzugeben, ihm zu vertrauen und ihm treu zu bleiben.

---

[1] Satpathy: Sai Baba, S. 306
[2] ders., S. 304
[3] Rigopolous: Life, S. 295
[4] Satpathy: Sai Baba, S. 302

„Habe Glaube und Vertrauen in deinen Guru. Glaube, dass der Guru der einzig Handelnde ist."[1]

„Es gibt unzählige Heilige in dieser Welt, aber unser Vater (der Guru) ist *der* Vater (der wirkliche Guru). Kurz gesagt, liebe deinen Guru aus ganzem Herzen, unterwirf dich ihm völlig und verneige dich ehrfürchtig vor ihm. Dann wirst du sehen, dass es kein Meer von weltlicher Existenz vor dir gibt, die du überqueren musst, wie es für die Sonne keine Dunkelheit gibt."[2]

„Wer mich am meisten liebt, sieht mich immer. […] Ich fühle mich demjenigen verpflichtet, der sich mir völlig hingibt und immer an mich denkt. Ich werde seine Schulden bezahlen, indem ich ihm Erlösung (die Selbstverwirklichung) gebe. Ich bin von demjenigen abhängig, der an mich denkt und nach mir hungert und der nichts isst, ohne es zuerst mir anzubieten."[3]

„Halte an deinem eigenen Guru mit unvermindertem Glauben fest, gleichgültig, welche Verdienste andere Gurus vorzuweisen haben und wie wenige dein eigener. Wir dürfen die Verbundenheit mit unserem eigenen Guru nicht aufgeben. Ruhe immer fest in ihm und nur in ihm."[4]

Seinem Verehrer Upasani Maharaj riet er einmal, einfach still zu sitzen und nichts zu tun. „Sitz still da. Ich werde das Nötige tun. Ich werde dich ans Ziel bringen."[5]

Andererseits sagte er auch, dass der äußere Guru in manchen Fällen überflüssig sein kann, da der *Atman* alles durchdringt. „Ein Guru ist unnötig. Die Belehrung ist in dir. Versuche, nach innen zu horchen, und folge der Richtung, die du erhältst. Wir

---

[1] ders.
[2] ders.
[3] ders., S. 300
[4] ders., S. 273
[5] Rigopolous: Life, S. 279

müssen auf uns selbst schauen, d.h. auf den Bildschirm, den Guru."[1]

Sai Baba riet seinen Verehrern nicht generell, auf Pilgerreise zu gehen, Stille zu üben oder bestimmte Übungen oder Rituale zu verrichten, außer in Einzelfällen. So schickte er z.B. Shama auf Pilgerreise und empfahl Anwar Khan, muslimische Rituale zu üben, und schickte ihn nach Mekka.

Von seinen Verehrern erhielt er viele religiöse Bücher, die er dann weitergab. Manchmal forderte er sie auf, die religiösen Schriften ihrer Religion zu lesen, weder einzeln oder in Gruppen, und über ihren Inhalt zu diskutieren, oder er wies einen Verehrer an, ein bestimmtes Buch zu lesen. Er wusste, welches Buch ihm weiterhelfen konnte.

Ein *Sannyasin* aus Madras namens Vijayanand brach zu einer Pilgerreise in den Himalaya auf und machte unterwegs bei Sai Baba Halt. Hier erfuhr er von der Schwierigkeit dieser Pilgerreise, gab das Vorhaben schließlich auf und blieb in Shirdi. Dort erhielt er die Nachricht, dass seine Mutter schwer erkrankt war, und beschloss, nach Hause zurückzukehren. Als er Sai Baba um Erlaubnis bat, gehen zu dürfen, meinte dieser, er sei doch ein *Sannyasin*, der alle Bindungen abgelegt habe. Warum er dann noch so sehr an seiner Mutter hinge? Er verweigerte die Erlaubnis, wies ihn an, in Shirdi zu bleiben und das *Bhagavata* in drei Wochen dreimal von vorne bis hinten durchzulesen. Vijayanand beendete in zwei Wochen zwei Lesungen und fühlte sich erschöpft. Nachdem er sich zwei Tage lang ausgeruht hatte, starb er in aller Stille. Sai Baba hatte seinen Tod vorhergesehen und ihm ermöglicht, seine letzten Tage auf spirituelle Weise zu verbringen.[2]

Die Muslime bat er, ihre Schriften zu lesen und aus ihnen vorzusingen. Manchmal sagte er selbst das Kalima (das islamische

---

[1] ders., S. 319
[2] s. Satpathy: Sai Baba, S. 142 f.

Glaubensbekenntnis) auf, und zuweilen wurde das *Namaz* – die fünf täglichen Gebete der Muslime – im Dwarkamayi rezitiert und Riten an den muslimischen Feiertagen ausgeführt. Er wies seinen Verehrer Anwar Khan an, täglich um Mitternacht eine bestimmte Stelle aus dem 1. Kapitel des Korans 101mal zu rezitieren.

Doch er betonte auch, dass Büchergelehrsamkeit wertlos sei, und meinte: „Wir wollen unsere vorgeschriebene Pflicht tun und unseren Körper, Geist und die fünf Lebenskräfte zu Füßen des Gurus legen. Der Guru ist Gott und allgegenwärtig. Um diese Überzeugung zu erlangen, ist starker, grenzenloser Glaube nötig."[1]

„Zerreiß deine Schriften und wirf sie weg, wenn du deine Zweifel loswerden willst! Deine Rettung liegt in den Händen *Haris*."[2]

Sai Baba beschränkte sein Wirken nicht nur auf Shirdi. So sagte er: „Fürchte dich nicht. Ich bin bei dir. Wo immer du bist, bin ich bei dir, wenn du an mich denkst."[3]

Sai Baba meinte oft, die Leute kämen nur, um ihn um irgendetwas Weltliches zu bitten. Kaum einer käme aus spirituellem Interesse. So sagte er: „Mein Meister sagte mir, ich solle allen großzügig geben, die darum bitten. Keiner hört auf mich oder meine Weisheit. Mein Schatz liegt offen da. Keiner bringt Karren, um ihn wegzutragen. Ich sage: ‚Grabe', aber keiner nimmt die Mühe auf sich. Ich sage: ‚Grabe den Schatz aus und karre ihn weg.' Seid die wahren Söhne der Mutter und füllt euren Laden auf. Was wird aus uns werden, d.h. aus diesem körperlichen Leben? Erde wird zur Erde zurückkehren und der Atem zur Luft. Diese Gelegenheit kommt nicht wieder."[4]

---

[1] ders., S. 306
[2] Rigopolous: Life, S. 329
[3] Osborne: Sai Baba, S. 64
[4] Rigopolous: Life, S. 152

„Mein Sircar (Gott) sagt: ‚Nimm, nimm‘, aber jeder kommt zu mir und sagt ‚Gib, gib!‘ Keiner achtet auf die Bedeutung meiner Worte. Der Schatz meines Sircar ist groß, überfließend. Ich sage: ‚Grabe ihn aus und nimm Wagenladungen davon mit. Der gesegnete Sohn einer wahren Mutter sollte diesen Wohlstand in Fülle haben.‘“[1]

Sai Baba handelte oft symbolisch. Einmal wusch er Gefäße und stellte sie mit der Öffnung nach unten. Einer seiner Verehrer fragte: „Was soll das?“

Sai Baba: „Jeder Topf, der zu mir kommt, kommt mit der Öffnung nach unten, also auf eine unempfängliche Art.“[2]

Sai Baba wollte, dass seine Schüler die direkte Erfahrung machten und nicht durch Hörensagen glaubten. Er bestand auch darauf, dass sie ihn prüften, um blinden Glauben zu vermeiden. Andererseits prüfte er seine Verehrer.

Als einmal eine Ziege in die Moschee kam, die alt, ausgehungert und fast am Sterben war, sagte er zu Bade Baba: „Erschlage die Ziege mit einem Hieb.“

Bade Baba sah sie mitleidsvoll an und meinte: „Wie sollen wir sie töten?“ Dann ging er.

Sai Baba: „Shama, du erstichst sie. Hol von Radhakrishna Ayi ein Messer.“

Radhakrishna Ayi gab ihm ein Messer, aber als sie von dem Zweck erfuhr, wollte sie es wiederhaben.

Shama: „Ich werde nach Hause gehen und ein Messer holen.“

Shama ging nach Hause und kam nicht wieder.

Da sagte Sai Baba zu H.S. Dikshit: „Bring ein Messer und töte sie.“

---

[1] Satpathy: Sai Baba, S. 306
[2] Rigopolous: Life, S. 152

Dikshit ging und brachte ein Messer.

Dikshit: „Baba, soll ich sie töten?"

Sai Baba: „Ja."

Dikshit hob das Messer und zögerte.

Sai Baba: „Woran denkst du? Stich zu."

Dikshit gehorchte und führte das Messer nach unten.

Sai Baba: „Halt! Lass die Kreatur am Leben. Ich werde sie selber töten, aber nicht in der Moschee."

Sai Baba brachte die Ziege einige Meter weit weg, wo sie tot umfiel.[1]

Bhakti – Liebe zum Guru und zu Gott

Völlige Selbsthingabe ist der Gipfel des *Bhakti*-Wegs. Sai Baba sagte einmal: „Wenn du mich zum einzigen Gegenstand deiner Gedanken und Ziele machst, wirst du *Paramartha* (die höchst Wirklichkeit) erlangen. Das ist das höchste Ziel."[2]

Um das Höchste zu erreichen, muss das Ego verschwinden. So sagte er: „Denk an Gott und töte das Ego."[3]

„Wenn ein Verehrer seinen ganzen Geist auf mich richtet und in mir ruht, braucht er nichts für seinen Körper und seine Seele befürchten. Wenn man mich sieht, mich allein, den Gesprächen über mich zuhört und mir alleine hingegeben ist, wird man Gott erreichen."[4]

„Fünfzigtausend kamen und fünfundsechzigtausend gingen. Was soll ich mit ihnen tun? Um jene, die einen starken Glauben

---

[1] s. ders., S. 207
[2] ders., S. 206
[3] ders., S. 315
[4] ders., S. 206

und feste Treue haben, werde ich mich kümmern und werde auf den sieben Weltmeeren unterwegs sein, um mich um sie zu kümmern bis zur 72. Generation."[1]

Sai Baba legte großen Wert auf die völlige Hingabe an ihn.

„Er (mein Verehrer) sollte sein Ego loswerden, indem er es zu meinen Füßen legt. Wer so im Leben handelt, dem helfe ich am meisten."[2]

Oft sagte er, man müsse „*Tan, Man* und *Dhan*", Körper, Geist und Reichtümer hingeben.

„Seid, was immer ihr wollt. Tut, wozu immer ihr euch entschieden habt, denkt daran, dass mir alles, was ihr tut, bekannt ist. Ich bin der innere Herrscher von allen und sitze in euren Herzen."[3]

„Nichts wird denjenigen verletzen, der seine Aufmerksamkeit auf mich richtet. Aber die *Maya* wird denjenigen auspeitschen und geißeln, der mich vergisst. Jene, die Zuflucht bei Gott suchen, werden mit Seiner Gnade von der Umklammerung der *Maya* frei sein."[4]

Govind Rahunath Dabholkar (Hemadpant), der von 1910 bis 1916 zeitweise und danach beständig in Shirdi lebte, schrieb mit der Erlaubnis Sai Babas bereits zu dessen Lebzeiten über sein Leben und die Vorkommnisse in Shirdi. Sai Baba meinte: „Wenn meine *Lilas* (wörtl.: Spiele) aufgeschrieben werden, wird die Unwissenheit verschwinden. Wenn man ihnen aufmerksam und hingebungsvoll zuhört, wird das Bewusstsein der weltlichen Existenz nachlassen, und starke Wellen der Hingabe und Liebe werden sich erheben. Wenn man tief in meine *Lilas* eintaucht, erlangt man das wertvolle Juwel der Erkenntnis."[5]

---

[1] Satpathy: Sai Baba, S. 296
[2] ders., S. 299
[3] ders., S. 300
[4] ders.
[5] ders., S. 299

„Es gibt viele Wege, die dorthin führen. Es gibt auch einen Weg von hier (Shirdi). Der Weg ist schwierig. Es gibt Tiger und Wölfe im Dschungel auf dem Weg. (Doch wenn man einen Führer hat) gibt es keine Schwierigkeit. Der Führer wird dich direkt ans Ziel bringen und die Wölfe, Tiger und Gräben auf dem Weg meiden."[1]

Nama-Japa – die Wiederholung des Namens Gottes

Sai Baba empfahl, wie viele Hindu-Heilige, den Namen Gottes zu wiederholen. Er selbst übte *Nama-Japa* oder *Namasmarana*, wie er es nannte, und wiederholte *Hari* oder einen anderen Namen Gottes. *Namasmarana* ist eine der neun Arten von *Bhakti*.

Er empfahl den Hindus, den heiligen Namen „Rama" zu wiederholen und den Muslimen „Allah". Er erlaubte den Verehrern auch, seinen eigenen Namen (Sai) zu benutzen. „Sag einfach ‚Sai, Sai' mit überfließendem Herzen." „Jene, die beständig meinen Namen wiederholen, erlangen ihr Ziel."[2]

„Ich denke immer an denjenigen, der sich an mich erinnert. Ich brauche kein Beförderungsmittel, keinen Wagen oder eine Tonga, weder einen Zug noch ein Flugzeug. Ich renne und manifestiere mich demjenigen, der mich liebevoll anruft."[3]

Selbstergründung und Meditation

Sai Baba empfahl nicht nur *Bhakti*, den Weg der Gottesliebe, sondern auch *Jnana*, den Weg der Erkenntnis, dem zugrunde liegt, dass *Brahman*, *Atman* oder das Selbst in allen eins ist, das Eine ohne ein Zweites, die einzige Wirklichkeit. So lehrte Sai

---

[1] ders., S. 300
[2] Rigopolous: Life, S. 276
[3] Satpathy: Sai Baba, S. 307

Baba wie Ramana Maharshi neben der Gottesliebe auch *Advaita*.

„Das, was gesehen wird, ist die Manifestation *Brahmans* durch *Maya* und wird sich wieder in *Brahman* auflösen. Sieh in die sechs *Shastras* (heilige Schriften), ob der *Atman* einer oder so viele wie die *Jivas* (Individuen) ist. Die Krönung von *Jnana* ist die Verwirklichung des einen *Atman*, von dem alles andere ausgegangen ist."[1]

Er empfahl auch *Atma Vichara*, die Methode der Selbstergründung des Pfades der Erkenntnis, wenn auch nicht so ausdrücklich wie Ramana Maharshi, d.h. zu ergründen, was wirklich und was unwirklich ist und sich die Frage „Wer bin ich?" zu stellen.

Er sagte oft: „Wer sind wir? Denke Tag und Nacht darüber nach."

„Wer sind wir? Was sind wir? Wo sind wir? Wo bist du? Wo ist die ganze Welt?"[2]

„Um mich zu kennen, denke beständig durch *Shravana* und *Manana* ‚Wer bin ich?'"

„Wer sind wir? Das müssen wir ergründen."[3]

„Du brauchst nicht weit auf der Suche nach mir zu gehen. Abgesehen von deinem Namen und deiner Gestalt existiert in dir wie in allen Lebewesen ein Gespür von Sein oder Bewusstsein der Existenz. Das bin ich. Wenn du das erkennst, siehst du mich in dir wie auch in allen Lebewesen. Wenn du das übst, wirst du die Alldurchdringung erkennen und somit die Einheit mit mir."[4]

---

[1] Rigopolous: Life, S. 317
[2] ders., S. 315
[3] ders.
[4] Satpathy: Sai Baba, S. 307 f.

„Der Geist ist unruhig. Man muss sich anstrengen, um ihn beständig zu machen. Wie eine Fliege herumfliegt, sich auf alles setzt, aber zurückweicht, wenn sie sich dem Feuer nähert, so sehnt sich der Geist nach Sinnesobjekten, freut sich an ihnen und geht in ihnen auf. Wenn er sich *Brahman* nähert oder versucht, es zu sehen, wendet es sich ab. Wenn somit der unkontrollierbare Geist nicht in Gott (*Brahman*) eingeht, ist *Samsara*, d.h. die Wiedergeburt, unvermeidlich. Solange der Geist nicht besiegt ist, muss man wiedergeboren werden. Aber unter den Geburten ist die menschliche Geburt die wertvollste.

Deshalb verehre eine Statue Gottes, d.h. Gott in Gestalt in seinem Abbild, um den Geist beständig zu machen und zu konzentrieren. Selbst das Abbild ist Gott (*Parameshvara*). Weise Abbilder nicht zurück. Wenn ein Abbild mit tiefer Hingabe verehrt wird, erlangt der Geist Konzentration, ohne die es keinen beständigen Geist geben kann.

Als nächstes übe *Manana* und *Dhyana*[1], d.h. Rückbesinnung und Meditation, und studiere die spirituellen Schriften. Übe, was in ihnen erwähnt wird. *Atma Vidya*, die Erkenntnis des Selbst, ist die höchste Weisheit. Wenn sie gemeistert wird, wird Befreiung (*Mukti*) erlangt, und *Hari* (der persönliche Gott) ist unser Diener. Dies sind die leichten Schritte, diese Weisheit und die Befreiung zu erlangen (d.h. wirklich Gott, *Brahman*, zu sehen oder zu erkennen).“[2]

„Unsere Kunst ist einmalig. Denk daran. Um *Atma Jnana* (Erkenntnis des Selbst) zu erlangen, ist Meditation (*Dhyana*) nötig, das ist *Atma-Anushtana* (Praxis, die zum *Atman* führt), die den Geist beruhigt und ihn in *Samadhi* trägt. Gib alle Wünsche auf und verweile mit deinem Geist in allem in Gott. Wenn der Geist auf diese Weise konzentriert wird, wird das Ziel erreicht.

---

[1] Die drei klassischen Stufen im Yoga sind: Hören der Worte des Gurus (*Shravana*), darüber nachdenken (*Manana*) und darüber meditieren (*Dhyana*).
[2] Rigopolous: Life, S. 316

Übe Meditation (*Dhyana*) über mich als Gestalt oder als gestaltlos, als reine Glückseligkeit (*Ananda*). Wenn dir die gestaltlose Kontemplation schwerfällt, dann denke an meine Gestalt wie du sie hier siehst. Denke bei Tag und Nacht daran. Mit solcher Meditation löst sich der Geist in die Einheit auf, d.h. er erlangt *Laya* (Gedankenstille). Der Unterschied zwischen Subjekt und Objekt (ich und du) und der Akt der Kontemplation geht verloren. Das führt zu *Chaitanya Ghanata* (Festigkeit des Bewusstseins), *Brahma Samarasata* (das Empfinden von *Brahman*). Der Blick des Gurus ist für den Schüler Brot und Milch."[1]

„Ergründe, was wirklich und unwirklich ist, übe Entsagung, stille den Geist und hab das Verlangen nach Befreiung. Übe das neunfache *Bhakti*. Gib dich Gott hin, habe Hingabe. Habe täglich den *Darshan* der vollkommenen Heiligen. Führe ein moralisches Leben. Dann wirst du beim Tod rein sein. Hege zur Zeit des Todes keinen Wunsch. Konzentriere dich auf Gott, d.h. auf deinen *Ishta Devata* (die persönliche Gottheit). Wenn du stirbst, geht dein Geist in den *Ishta Devata* ein, und die Befreiung wird erlangt."[2]

Als Uddhavesha Bua fragte: „Wer bin ich?", antwortete Sai Baba: „Ich bin du. Du bist ich. Es gibt keinen Unterschied zwischen dir und mir. Was dich ausmacht, macht auch mich aus."

„Die Leute unterscheiden zwischen sich und anderen, ihren Besitz und den der anderen. Das ist falsch. Ich bin in dir und du bist in mir.

Dies ist die Wand des Ölhändlers, die dich von mir trennt. (Ein Ölhändler lebte neben der Moschee.) Reiß diese Wand nieder, dann werden wir uns deutlich von Angesicht zu Angesicht sehen.

---

[1] ders., S. 316 f.
[2] ders., S. 278

Die Heiligen erkennen keinen Unterschied. Beseitige die Unterschiede, um mir zu dienen. Denke auf diese Weise, dann wirst du es erkennen. Suche in den Schriften, und du wirst sehen, ob der *Atman* eines oder vieles ist."[1]

„Reiß die Mauer des Unterschieds nieder, die dich von mir trennt. Dann ist die Straße für unsere Begegnung frei und offen. Das Empfinden der Unterscheidung als ich und du ist das Hindernis, das den Schüler von seinem Meister abhält. Solange es nicht vernichtet ist, ist der Zustand der Einheit nicht möglich."[2]

Als einmal ein reicher, habgieriger Herr zu Sai Baba kam, um schnell *Brahma Jnana* (die Erkenntnis *Brahmans*) zu erlangen, sagte Sai Baba:

„Solange du deine Habsucht und Gier nicht loswirst, wirst du das wahre *Brahman* nicht erlangen. Habgier und *Brahman* sind zwei entgegengesetzte Pole. Sie stehen sich ewig gegenüber. Wo es Habgier gibt, gibt es keinen Raum für das Denken oder die Meditation über *Brahman*. Für einen habgierigen Menschen gibt es weder Frieden noch Zufriedenheit, noch Standhaftigkeit.

Die Lehren eines Gurus sind für einen Menschen nutzlos, der voller Egoismus ist und immer an Sinnesobjekte denkt. Es ist deshalb besser, wenn er nur das annimmt, was er auch verdauen und sich einverleiben kann. Meine Schatzkammer ist voll, und ich kann jedem geben, was er will, aber ich muss beurteilen, ob er auch dazu taugt, meine Gabe zu erhalten."[3]

„Um die Erkenntnis des Selbst zu erlangen, ist Meditation (*Dhyana*) nötig. Wenn du sie beständig übst, werden die *Vrittis* (subtile Gedanken) Ruhe geben. Du solltest wunschlos über

---

[1] ders., S. 317 f.
[2] Satpathy: Sai Baba, S. 304
[3] ders., S. 301

Gott meditieren, der in allen Lebewesen ist. Wenn der Geist konzentriert ist, wird das Ziel erreicht."[1]

„Meditiere immer über mein gestaltloses Wesen, das inkarniertes Wissen, Bewusstsein und Seligkeit ist. Wenn du das nicht tun kannst, meditiere über meine Gestalt von oben bis unten, die du bei Tag und Nacht hier siehst. Wenn du das weiterhin tust, werden deine *Vrittis* auf eins gerichtet, der Unterschied zwischen dem Meditierenden, der Meditation und dem Objekt der Mediation geht verloren, und der Meditierende wird eins mit dem Bewusstsein und geht in *Brahman* ein."[2]

„Leben und Tod sind Manifestationen von Gottes Handeln. Du kannst beides nicht voneinander trennen. Gott durchdringt alles. Doch tatsächlich wurde keiner geboren und keiner stirbt. Sieh mit deinem inneren Auge, dann erkennst du, dass du Gott und nicht von Ihm verschieden bist.

Wie ein abgelegtes Kleidungsstück wird der Körper von Gott weggeworfen. […] Gewinn und Verlust, Geburt und Tod sind in den Händen Gottes. Aber wie blind sind die Leute und vergessen Gott! Kümmere dich um das Leben, solange es währt. Wenn der Tod kommt, sei nicht traurig. Die Weisen trauern nicht über den Tod, nur die Narren.

Sieh, die fünf *Pranas* (Lebensenergien) wurden uns bis jetzt geliehen. Jetzt fordert der Besitzer sein Eigentum zurück, und sie werden zurückgegeben. Luft kehrt zu Luft zurück, Feuer zu Feuer. Jedes der fünf Elemente kehrt so an seinen Platz zurück. Der Körper besteht aus Erde. Sieh, sie sind wirklich dasselbe. Deshalb ist seine Rückkehr zur Erde nichts, was man beklagen müsste."[3]

---

[1] ders., S. 302
[2] ders., S. 303
[3] Rigopolous: Life, S. 328 f.

Sai Baba machte klar, dass Freude und Leid reine Illusionen sind wie das *Advaita* es lehrt. Wahre Freude besteht in der Befreiung.

„Freude und Sorge sind reine Illusionen. Das Auftauchen von weltlichen Freuden ist kein wirkliches Glück. Der weltliche Mensch wird gewaltsam zu ihnen hingezogen, da er glaubt, sie seien das wahre Glück.

Dem *Prarabdha* (gegenwärtigen Karma) entsprechend erhält ein Mensch Delikatessen, der andere trockene Brotkrume und der dritte nur Haferschleim. Letzterer fühlt sich dadurch unglücklich, und ersterer denkt, dass es ihm an nichts fehlt. Aber alle drei dienen nur dazu, den Hunger zu stillen.

Einige bekleiden sich mit schönen Schals, andere mit Fetzen. Beides dient nur dazu, den Körper zu bedecken.

Diese Freude und dieser Kummer entstehen durch eine Meinung, die reine Täuschung ist, und sie ist schädlich. Jedes Mal, wenn eine Vorstellung von Freude oder Leid in deinem Geist auftaucht, entsage ihr. Gib ihr keinen Raum. Es ist eine reine Illusion."[1]

***

Wenn man Sai Babas Lehre in seiner Gesamtheit betrachtet, erkennt man den Sufi-Einfluss und die Ähnlichkeit mit der Lehre Kabirs und Ramana Maharshis.

Bis heute folgen viele seiner Lehre und spüren sein Wirken.

---

[1] ders., S. 326 f.

Glossar

Advaita: Nicht-Zweiheit, eine philosophische Richtung im Hinduismus

advaitisch: der Lehre der Nicht-Zweiheit entsprechend

Annas: 1/16 Rupie; die Münze ist nicht mehr im Umlauf

Arati: Verehrung mit Lichtern

Atman: das Selbst, oft identisch mit *Brahman*

Atma Vidya: Erkenntnis des Selbst

Avadhuta: Asket, Entsagender, einer, der alle weltlichen Bindungen abgelegt hat

Bhagavata: heilige Hindu-Schrift

Bhajan: frommes Lied

Bhakti: Liebe zu Gott oder zum Guru, die sich in völliger Hingabe ausdrückt

Brahman: die absolute Wirklichkeit, oft identisch mit *Atman*

Dakshina: Gabe, die man beim Besuch des Gurus mitbringt

Darshan: der Besuch des Gurus, der durch seinen Blick den Schüler oder Verehrer segnet und erhebt

Deha Prarabdha: das Karma im gegenwärtigen Körper

Dhuni: heiliges Feuer

Dhyana: Meditation

Ekadasi: ein besonderer Tag alle zwei Wochen im Mondkalender

Fakir: muslimischer Bettler, hier auch Gott

Hari: persönliche Gottheit, Aspekt des Gottes Vishnu

Ishta Devata: persönliche Gottheit

Jiva: individuelle Seele

Jnana: Erkenntnis, Weg der Erkenntnis

Lila: das Spiel Gottes/des Gurus mit dem Menschen

Marwari: eine ethnische Gruppe aus Rajastan

Maya: Illusion, Erscheinungswelt

Nama-Japa/Namasmarana: Wiederholen des Namens Gottes

Namaz: die fünf täglichen Gebete der Muslime

Manana: Reflexion, Nachdenken

Moksha/Mukti: Befreiung

Nanavidhya Bhakti: Hingabe

Nishtha: Hingabe

Paramatman: das höchste Selbst

Parameshvara: der höchste Herr, Gott, Schöpfergott

Prakriti: Natur

Prana: Atem; die fünf *Pranas* sind die fünf Lebensenergien: Atem, Ausscheidung, Verdauung, Blutkreislauf und Sprache

Prarabdha (Karma): gegenwärtiges Karma

Purusha: Geist, Mensch

Puja: zeremonielle Verehrung, Gottesdienst

Pujari: einer, der zeremonielle Verehrung übt

Purva Karma: hier: unveränderliches Karma

Rama Navami: Geburtstag Ramas

Roti: Brot

Sadhu: Wandermönch

Samadhi: Versunkenheit, völlige Ruhe des Geistes oft ohne Körperbewusstsein, auch Grabstätte eines Heiligen

Samadhi Mandir: Grabstätte eines Heiligen

Samsara: Kreislauf des Lebens, Welt, Wiedergeburt

Sannyasin: Wandermönch

Sashtanga Dandavat: die völlige Niederwerfung vor dem Guru, mit der völlige Hingabe ausgedrückt wird

Satka: Stock des Fakirs

Seva: Dienst des Schülers für den Guru

Shastras: heilige Hindu-Schriften

Shraddha: Glaube, Vertrauen

Shravana: Hören des Wortes des Gurus

Subari: Geduld, Beharrlichkeit

Sudra: Mitglied der niedrigsten Kaste

Udi: heilige Asche aus dem *Dhuni* (heiligen Feuer)

Vrittis: subtile Gedanken

Literaturverzeichnis

Dabholkar, Hemadpant: Shri Sai Satcharita: The Wonderful Life and Teachings of Shridi Sai Baba, New York City, 2016 (eine gekürzte moderne Überarbeitung)

Kamath, M.V./Kher V.B.: Sai Baba of Shirdi: A unique Saint, Mumbai, 2012

Narasimha Swami, B.V.: Sri Sai Baba's Charters and Sayings, Madras, 1942
https://de.scribd.com/doc/40746914/7711795-Sri-Sai-Babas-Charters-and-Sayings

Narasimha Swami, B.V.: Devotees' Experiences of Sai Baba, 3rd ed., Madras, 1965-67
https://literature.saibaba.com/books/devotees_experiences/index.html

Narasimha Swami, B.V.: Life of Sai Baba, 4 vols., 3rd ed., Madras, 1980-83
https://literature.saibaba.com/books/life_of_saibaba/index.html

Osborne, Arthur: The Incredible Sai Baba, London, 1958

Rigopoulos, Antonio: The Life and Teachings of Sai Baba of Shirdi, New York, 1993

Satpathy, Chandra-Bhanu: Shridi Sai Baba: An Inspiring Life, Haryana, 2024